U0526058

36团队激励计

黄景 李静 著

电子工业出版社
Publishing House of Electronics Industry
北京·BEIJING

未经许可，不得以任何方式复制或抄袭本书之部分或全部内容。
版权所有，侵权必究。

图书在版编目（CIP）数据

团队激励 36 计 / 黄景，李静著. —北京：电子工业出版社，2024.1
ISBN 978-7-121-46536-9

Ⅰ. ①团… Ⅱ. ①黄… ②李… Ⅲ. ①企业管理－人事管理－激励 Ⅳ. ①F272.92

中国国家版本馆 CIP 数据核字（2023）第 199636 号

责任编辑：董英
印　　刷：天津千鹤文化传播有限公司
装　　订：天津千鹤文化传播有限公司
出版发行：电子工业出版社
　　　　　北京市海淀区万寿路 173 信箱　　　邮编：100036
开　　本：880×1230　1/32　　印张：10.5　　字数：369.6 千字
版　　次：2024 年 1 月第 1 版
印　　次：2025 年 3 月第 11 次印刷
定　　价：79.80 元

凡所购买电子工业出版社图书有缺损问题，请向购买书店调换。若书店售缺，请与本社发行部联系，联系及邮购电话：(010) 88254888，88258888。

质量投诉请发邮件至 zlts@phei.com.cn，盗版侵权举报请发邮件至 dbqq@phei.com.cn。

本书咨询联系方式：faq@phei.com.cn。

目 录

导 论 **伟大的领导者都是激励大师** / 1

你从来不可能真正激发一个人,你只能给他一个理由,让他激发自己。尽力来自本分,尽心来自善意。

第一章 **个体激励** / 14

激励就是让平凡人做非凡之事。

双赢目标:如何让员工把公司的目标当成自己的事 / 15
用人所长:如何让员工优势最大化 / 23
辅导有方:如何让员工走上成长快车道 / 30
科学授权:如何通过授权激发员工的责任感 / 40

打场胜仗：团队士气低落怎么办 / 49
信任为先：怎么让员工心无旁骛地往前冲 / 57
以身作则：怎么让员工愿意跟随你 / 64
激励新人：如何帮助新员工快速创造业绩 / 72
激励老员工：如何唤醒"躺平"的老员工，让他们重新找回动力 / 79

第二章　岗位激励 / 87

最好的激励应该是激励员工追求自己的目标，顺水推舟，最终达成企业的目标。

晋升激励：如何让优秀员工持续向上攀登 / 88
多阶梯晋升激励：如何满足员工的多样化发展需求 / 98
破格晋升激励：怎样留住杰出贡献的优秀员工 / 104
轮岗激励：怎么让员工成为一专多能的帅才 / 112
岗位任期激励：如何在企业内部建立能上能下的干部管理机制 / 120
弹性工作激励：如何提高知识型员工的生产效率 / 127

第三章 规则激励 / 134

管理的最高境界是"无为而治"。优秀的管理者应当成为一位优秀的"游戏规则制定者"。不必事事亲力亲为,只需要制定好游戏规则,让大家来"玩",而"玩"的结果正是你想要的。

规则激励:如何通过规则设置实现团队自激励 / 135
薪酬激励:如何让薪酬更加具有激励效果 / 143
绩效激励:如何让员工争先恐后地提升工作绩效 / 151
福利激励:如何满足不同员工的个性化需求 / 160
股权激励:如何让员工与公司成为命运共同体 / 167
特殊贡献激励:如何让员工愿意挑战重大艰难任务 / 178

第四章 氛围激励 / 186

激励的更高境界是激励于无形。

使命愿景激励:如何让员工把工作当成自己的事业来干 / 187
价值观激励:如何让员工的思想和行为跟公司保持高度一致 / 196
人才密度激励:如何让优秀人才相互激励 / 207
透明文化:如何打造团队之间的背靠背信任 / 216

创新氛围：如何让团队建言献策、群智涌现 / 224
荣誉激励：如何通过不花钱的激励，提高员工工作成就感 / 234
竞争氛围：如何让员工你追我赶、创造业绩 / 243
团建活动：如何通过有效团建打造团队凝聚力 / 251
运动氛围：如何通过精力管理让团队保持巅峰状态 / 259
学习激励：如何让团队"自动"成长 / 267

第五章　负向激励 / 277

负向激励是为了激发员工的斗志，让他释放绝地反击的能量，快速成长。

有效批评：如何把员工犯错变成改进的时机 / 278
适时激将：如何激发员工的战斗欲望，主动接受挑战 / 289
合理处罚：如何通过处罚维护边界且让员工自愿遵守 / 296
降职使用：如何让"躺平式"干部站起来、跑起来 / 306
危机激励：如何将危机转化为动力，绝处逢生 / 316

结　语　让基层有饥渴感、中层有危机感、高层有使命感 / 324

导论
伟大的领导者都是激励大师

你从来不可能真正激发一个人，你只能给他一个理由，让他激发自己。尽力来自本分，尽心来自善意。

我讲了十多年的管理课程，经常有管理者问我：

◎ 如何激发老员工的积极性？

◎ 如何让"躺平"的员工恢复战斗力？

◎ 如何让员工主动思考，而不是干什么都问我？

◎ 设定的业绩目标总是达不成，怎么让员工承担责任，为结果负责？

◎ 90后、00后员工相对70后、80后容易撂挑子，管理越来越难，该怎么办？

面对这样的问题，我常常会反问管理者："你懂你的员工吗？"

而他们的回复大同小异：

"我怎么不懂我的员工！我给员工的钱跟同行相比是最多的！不管是工资、福利、奖金，我一样都不少！这难道不是他们想要的吗？而且隔三岔五还带他们出去旅游、聚餐！他们怎么就不知足呢？"

我想说，不是他们不知足，而是你不懂激励。

很多管理者一说起激励，主要就靠两招：升职和加薪，顺便说一句"你真棒"。

想要凭借这几招持续地激励员工，恐怕很难，因为沿着旧地图，找不到新大陆。

于是在管理实践中就出现了：

◎ 优秀的员工不服管，服管的员工不好用；

◎ 人才培养起来就跳槽，不培养又无人可用；

导论 伟大的领导者都是激励大师

◎ 团队成员勾心斗角，互相打小报告；

◎ 特别是面对来整顿职场的 00 后，刚入江湖，便风波不断，说什么"领导不听话，就要离职"。

面对这种种情况，你焦头烂额，甚至开始怀疑自己是否适合做管理。

首先，我想先给你宽宽心，你遇到的问题，也是绝大多数管理者都会遇到的问题。

同时，我也想告诉你，没有管不好的员工，只有不会激励的管理者。

只要你找对方法，你就会发现管理非常轻松高效，有一种"四两拨千斤"的感觉，用我的客户的话讲"这是在管理上开窍了"，那么如何让自己在管理上开窍呢？

借用现代管理学之父彼得·德鲁克的经典之言，管理的本质就是最大限度地激发员工的善意。

尽力来自本分，尽心来自善意。

也就是说，作为管理者，你需要懂人心，识人性，顺势而为地激发员工的潜力，最终实现共同目标。

而这个过程，就是激励的过程，也是本书的核心。

每个员工都是企业的宝贵财富，不能激发员工的潜力，团队就无法取得好业绩，管理者自己在职场也会遇到瓶颈。因此，管理者必须学会正确、科学地使用激励方法，打造一支无坚不摧的团队。

伟大的领导者都是激励大师。

那激励究竟是什么呢？

激励就是在外界环境的影响下，员工根据自己的内在驱动力，通过自我调节的方式，实现共同目标。

听起来有些抽象，我举个简单的例子。比如，某销售团队规定：凡公司销售员月销售额达到 100 万元，当月就给予奖金 10 万元。员工小李在听到这个消息后，非常兴奋，下决心要拿到 10 万元奖金。于是，当月加班加点工作，期望达到 100 万元的业绩。

在这个案例中，"给予员工奖金 10 万元"——这是外界环境的影响；"小李非常兴奋"——这是员工的内在驱动力；"当月加班加点工作"——这是员工的自我调节方式；"达到 100 万元的业绩"——这是共同目标。

我们会发现，激励是一个持续发展的过程，如图 0-1 所示，可以简单概括如下。

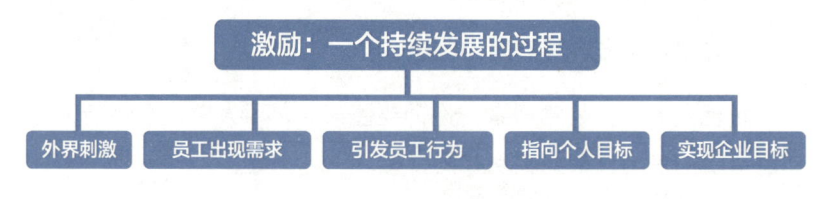

```
激励：一个持续发展的过程
    │
    ├─ 外界刺激
    ├─ 员工出现需求
    ├─ 引发员工行为
    ├─ 指向个人目标
    └─ 实现企业目标
```

图 0-1　激励的过程

所以，最好的激励应该是激励员工追求自己的目标，顺水推舟，最终达成企业的目标。

这里有一个关键点是"员工出现需求"，他产生了内在驱动力，因此才引发了行为。那么问题来了，是不是所有的"外界刺激"都会让"员工出现需求"呢？当然不是。拿上述案例来说，如果员工对 10 万元无感，可能就不会觉得兴奋，也就不会加班加点地工作。

你从来不可能真正激发一个人，你只能给他一个理由，让他激发自己。

那么，究竟如何扣动员工的心灵扳机，击中员工真正的心理需求，给予员工恰到好处的激励呢？

我们可以分三步走。

第一步，了解需求的层次。

马斯洛需求层次理论，是由美国著名的心理学家亚伯拉罕·马斯洛提出的。在他看来，人有两类需求，一类是生物属性带给我们的低级需求，比如延续生命；一类是进化后逐渐显现的高级需求，比如释放潜能。

低级需求不断减弱，高级需求不断增强，两种趋势叠加，马斯洛提出了著名的"五层次需求理论"。

第一个层次，生理需求。 员工首先要生存。对于正在被住房租金压得喘不过气的员工，激励没什么"花把势"，就是给钱。对这个需求层次的员工，你和他谈梦想完全没用，他会说：别和我谈梦想，我的梦想，就是不用被房东催租，去超市买菜不用比价格。因此，对这个层次的员工，增加工资、改善劳动条件，就是最好的激励。

第二个层次，安全需求。 如果员工总提心吊胆，担心自己的饭碗会不会明天就丢了，那么公司的宏伟蓝图和他没有丝毫关系。他只会想：千万不能生病，不然立刻卷铺盖走人。此时，各种福利、保险等让他感到稳定、安全的职业保障，就是对他最好的激励。

第三个层次，社交需求。人们需要与其他人建立情感联系，所以，与其发旅行津贴，不如组织大家一起去旅行；与其发儿童节礼券，不如组织一场亲子活动；与其发健身补贴，不如举行一场运动会。提供同事间的社交往来机会，支持与赞许员工建立和谐温馨的人际关系，这些都是很有效的激励方式。

第四个层次，尊重需求。这一层次的需求，是顶级管理者的秘密武器。

日本松下公司的创始人松下幸之助有一次吃完饭，专门把主厨叫了出来。然后他跟主厨说："你的牛排很好吃，但我今天只能吃下一半。我想亲自向你解释，以免餐具收到厨房，你会觉得沮丧。"试想一下，如果你是主厨，你会有什么感受？这就是被尊重的感觉。

第五个层次，自我实现需求。对处于这个层次的人，千万别说："我有个赚钱的好点子，要不要一起来干？"而要说："你是想卖一辈子糖水，还是想和我一起改变世界？"当年乔布斯就靠这句话，吸引了正在担任百事可乐 CEO 的约翰·斯卡利，让他加入了当时还是小公司的苹果。

不同的人做相同的事情，他们的需求可能是不一样的。因此，对一些人非常起作用的激励方式，对另外一些人来说，作用可能微乎其微。所以，激励方式应该因人而异。管理者必须了解每一位员工的心理需求，找到最适合他们的激励方式。

导论 伟大的领导者都是激励大师

击中员工的心理需求,才能激发员工的内驱力。

第二步,洞悉下属的内在需求。

这五个层次的需求并不是依次出现的,它们往往同时存在,只是不同阶段需求的迫切性、强烈程度不同,所以找准阶段是很关键的。那么如何得知员工的真实需求呢?

员工当然不会直白地告诉你,他需要的是安全需求还是自我实现需求,这需要你去洞察。

这里有两个工具分享给你。

工具一: 在表 0-1 中列举了一些在工作中你认为重要或令你感到兴奋的因素,包括薪酬、工作条件、同事、工作时间、升职机会、老板、福利待遇等。填写者可以就每种因素对自己而言的重要性进行打分,1 分代表重要性最高,12 分代表重要性最低。

表 0-1 工作中你认为重要或令你感到兴奋的因素列表

对你而言,工作中什么东西很重要,或者令你感到兴奋?以下是你有可能会纳入考虑范围的 12 种因素,供你进行排序。1 分代表重要性最高,12 分代表重要性最低	得分
• 高薪酬	
• 优越的工作条件	
• 友善和支持型的同事	
• 弹性工作时间	
• 提供发展和存在新挑战的机会	
• 体贴的上司	

	续表
• 公正平等的待遇	
• 工作有成就感	
• 激动人心的使命和愿景	
• 喜欢的企业文化和氛围	
• 厉害的团队	
• 工作上的自主权	

你可以将表 0-1 分享给你的团队成员来填写，通过填写者对每种因素打分，了解对方最看重什么；当然，你也可以自己填写一下，也许会更了解自己的状态。你会发现，你们在意的东西可能是完全不一样的。

每一种因素都跟马斯洛需求层次理论是一一对应的。比如，如果你认为"友善和支持型的同事""厉害的团队"很重要，那说明你有较为强烈的社交需求；如果你认为"提供发展和存在新挑战的机会""激动人心的使命和愿景"很重要，那说明你对自我实现需求更为强烈，满足这个层次的需求，就能增加你做事情的动力。

工具二：盖洛普 Q12 测评法。该测评法共有 12 个问题，分别从 12 个维度来调查员工的真实想法。这些问题都是"指向行为"的客观事实类问题。

同时，我们对照马斯洛需求层次理论会发现，自下而上的 12 个问题，恰好从生存需求一直对应到自我实现需求，如图 0-2 所示。对照着员工的行为，你能找到非常明确的激励员工的抓手。

导论 伟大的领导者都是激励大师

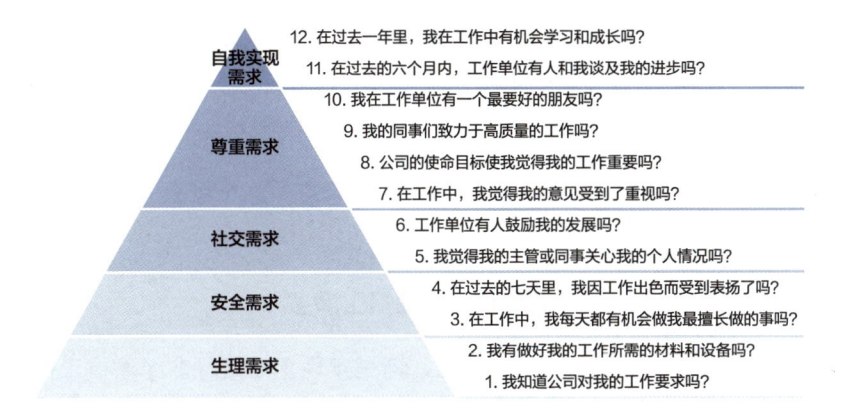

```
         自我实现    12. 在过去一年里，我在工作中有机会学习和成长吗？
          需求      11. 在过去的六个月内，工作单位有人和我谈及我的进步吗？
                   10. 我在工作单位有一个最要好的朋友吗？
         尊重需求    9. 我的同事们致力于高质量的工作吗？
                    8. 公司的使命目标使我觉得我的工作重要吗？
                    7. 在工作中，我觉得我的意见受到了重视吗？
         社交需求    6. 工作单位有人鼓励我的发展吗？
                    5. 我觉得我的主管或同事关心我的个人情况吗？
         安全需求    4. 在过去的七天里，我因工作出色而受到表扬了吗？
                    3. 在工作中，我每天都有机会做我最擅长做的事吗？
         生理需求    2. 我有做好我的工作所需的材料和设备吗？
                    1. 我知道公司对我的工作要求吗？
```

图 0-2 "盖洛普 Q12 测评法"对应"马斯洛需求层次理论"的五个层次

比如，如果下属觉得表扬很少，那你就知道他的安全需求没有得到满足，多给予他正面反馈可以增加他做事情的内在动机，从而提升下属工作的内驱力。

这也可以成为管理者检视、评价自己工作的一种方式，看看你已经满足了员工的什么需求，还有哪些需求没有被满足，这就是你提升的空间。

一说到满足员工需求，很多管理者会掉进另一个误区：认为激励就是要让员工满意。是不是我满足了员工的所有需求，员工就会奋力工作了？

所以很多企业都会做员工满意度调查，问员工对办公环境满不满意，对绩效评定满不满意，对薪资满不满意等。试图通过提高员工的满意度，达到激励的目的。

可是，真的是这样的吗？

网络上流传一个段子，问你想找一个什么样的工作？评论区的高赞回答是："钱多事少离家近，喝茶看报好开心。"清闲舒服的工作让一些人非常满意。但员工是满意了，企业目标由谁去实现？

因此，彼得·德鲁克认为，"员工满意度"这个概念"可以说毫无意义"。

有效激励≠让员工满意

激励的目的不是让员工满意，而是实现企业目标。了解员工需求的目的，也不是让员工满意，而是激发他的内驱力。

第三步，选取合适的激励方式。

那么如何通过合适的激励方式激发员工的内驱力，从而实现企业目标呢？

这个问题在管理经典著作中只有理论解释，没有解决方案。

而我的职责恰恰不是给你讲理论，而是提供一套非常具体的、事实证明也非常有效的解决方案。

在《团队激励36计》这本书中，我会向你交付5大激励系统的36个管理工具。这5大激励系统分别是个体激励系统、岗位激励系统、规则激励系统、氛围激励系统、负向激励系统。

你不需要懂多高深的管理学、心理学理论，有了这些工具，你就能直接解决实际问题。

当你理解个体激励的底层逻辑时，你就能抓准员工内心需求，激发员工的内驱力。

当你知道岗位激励的路径时，你就能留住优秀员工，让他们持续创造高业绩。

当你掌握营造氛围的方法时，你就能提振团队士气，让员工把工作当成自己的事业来干。

当你学会按规则制定解决方案时，你就能让团队成员"无须扬鞭自奋蹄"，实现无为而治。

当你懂得使用负面激励的工具时，你就能让员工行为有边界，并且可以帮助犯错的员工从哪里跌倒就从哪里爬起来。

这些内容环环相扣、层层递进。

首先，激励最内核的是人，你需要激发人的内驱力；而个体不是独立存在的，人在岗位上，岗位赋予了人"角色"和"位置"；但岗位也不是独立存在的，岗位需要在规则之下进行活动，规则对岗位是公平的，不因某个人的个性化而转移；规则是需要在氛围和文化中运转的，总有规则约束不了的地方和覆盖不到的边界，那就需要有文化的指引。但仅仅依靠正向激励的吸引和引导是不够的，企业中一定有些红线是不能触碰的，有些边界是无法逾越的。这些内容，从内核到边界，分别呈现了五个层面的激励方法，如图 0-3 所示。

有了这 5 大激励系统，在管理中就犹如有了一个强大的武器库，当你带着团队上战场的时候，就知道什么士兵应该搭配什么武器，形成一套激励的组合拳，而不再是单一的激励手段，就知道如何更好地激发团队的战斗力，让他们在战场上打胜仗，持续地打胜仗。

团队激励模型

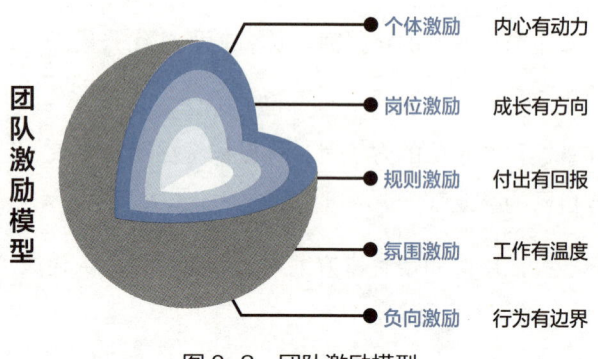

- 个体激励　内心有动力
- 岗位激励　成长有方向
- 规则激励　付出有回报
- 氛围激励　工作有温度
- 负向激励　行为有边界

图 0-3　团队激励模型

激励就是让平凡人做非凡之事。

管理者可以激励多少人,就能干多大的事业!

这也是我为什么写本书的原因,希望帮助更多的管理者在成就员工的同时,最终成就自己。

总结一下,本书有以下三个特点。

第一,本书是由 36 个具体的问题组成的,而且每个问题都有对应的方法、步骤和工具。

第二,我会和你分享 50 多个真实的管理场景、管理案例。如果你能把这些管理者面对的问题都解决,那么你的管理水平会提升很多。

第三,我不给你讲大道理。每个章节你能收获的东西,都不是道理,而是解决问题的突破点。当这些突破点都被你掌握时,很多问题就再也不是问题了。

不过我自己是一个不喜欢死记硬背的人,所以我保证即使你忘记了这些知识,也会得到新的面对问题的思维模式,而这些思维模式会让你将头脑中的知识点融会贯通，成长为一位管理高手，让自己在管理上开窍。

我希望本书能成为你的顾问、你的幕僚、你的支持系统。

最后，要感谢在本书撰写过程中给予我帮助的人。

感谢樊登老师，作为我的领导力导师，他对我在管理领域的研究影响深远。在跟樊登老师搭档讲"可复制的领导力"期间，他给我提供过很多中肯的建议。

感谢我的共同作者——可复制领导力研究院的内容中心总监李静老师，她在本书的创作和整理过程中付出了巨大的心血，可以说本书的每一个章节都是我们共创、复盘和打磨的结果。

感谢我们团队的牟大海、苏风、王倩，他们提供了莫大帮助，协助开发了多个企业案例。

感谢电子工业出版社的董英老师、南海宝老师、安娜老师和李秀梅老师，在本书策划到出版上市的全流程中，她们提出了很多建设性的意见和建议。

最后，我感谢每一位读者能陪我走过本书的每一页。尽管我已经尽我所能就本书的每一个主题进行探索，但由于阅历和学识水平所限，本书肯定会存在不足之处。欢迎任何形式的批评和指正，这将帮助我更深刻地理解管理，理解组织，理解人。

黄景

2023 年 12 月 8 日

第一章

个体激励

激励就是让平凡人做非凡之事。

双赢目标
如何让员工把公司的目标当成自己的事

为什么有的员工工作时跟打酱油一样,好像公司的成败与他们无关,怎么才能让大家把公司的目标当成自己的目标全力以赴呢?相信这是很多管理者共同关注的问题。

我想先从一个热搜事件开始说起。

2022年11月22日,刘强东发布了一封京东全员信。大意概括起来,主要有以下四点:

1. 要为收购的德邦公司下属十几万名员工缴齐五险一金,确保每个兄弟都能"老有所养,病有所医";

2. 集团出资100亿元为全部基层员工设立"住房保障基金",让五年以上员工买得起房,并提供无息贷款;

3. 刘强东个人再捐款一亿元,用以扩充"员工子女救助基金";

4. 给2000多位副总监级别以上的高管降薪10%~20%,职位越高,降得越多。

总的来说,就是大力提高基层员工的福利,让他们没有后顾之忧。同时,高管带头降薪,保证基层员工的待遇。

众多网友投来羡慕的目光,说:"对于快递小哥、外卖员这些基层员工来说，除了京东，恐怕没有老板会给交齐五险一金了吧。"

为什么京东会这么做呢？因为刘强东非常清楚地知道，只有时刻把员工放在心中，把员工的利益放在心中，员工才会有干劲，否则，员工为什么跟随你呢？

在上海疫情期间，京东有 3000 多名快递员自愿报名，奋斗在疫情一线，而这样的故事在京东内部数不胜数。

2022 年，当很多企业经营惨淡的时候，京东却实现了口碑和利润逆势双丰收，不得不感慨，这真的是企业与员工之间双向奔赴、相互成就的结果。

那么，怎样让员工把公司的目标当成自己的事，你有答案了吗？

没错，就是帮助员工达成他想要的目标，在促成这个目标达成的过程中，顺便实现公司的目标。

马云曾经在公开场合无数次强调："赚钱不是我建立阿里巴巴的目的。让员工在这里快乐地成长，让客户得到满意的服务，让社会感受到我们存在的价值，是我建立阿里巴巴的根本目的。阿里巴巴希望员工能为自己的目标和理想而努力。"

其实这就是建立双赢目标，也是领导力的精髓。

在西点军校的校训里，其中有一条关于领导力的校训，叫作"心里始终装着下属的利益，并且有能力让对方知道这一点"。这句话有两个关键点：第一，你心里要时刻装着下属的利益；第二，你还要让他知道，让他相信你心里装着他的利益，关键时刻你是替他着想的，下属才会对你产生绝对的信任，也才会全力以赴。在管理心理学中有一个概念叫作"心理契约",制定双赢目标的过程就是建立心理契约的过程。

那么如何建立双赢目标,构建彼此信任的心理契约呢?

我曾经听一位知名的企业家分享他的创业经历,讲他是如何取得今天的成就的,当时他说了这样一段话,让我非常触动,他说:

"假如说领导者需要具备什么特殊天赋的话,那就是感受他人目的的能力。领导者只有充分了解下属,倾听他们、读懂他们、采纳他们的建议,才能够说得出下属的感觉,能够站在他们面前,信心十足地说:'这就是我所听到的你的愿望,这就是你的需求与抱负,只要你跟着我朝着正确的方向走,这一切就都能在我们共同奔赴目标的过程中获得实现。'"

有没有发现,这位企业家做了一件非常妙的事情,就是借助员工追求自身利益的"原动力",顺水推舟,来让员工自动自发地实现公司的目标。

而这家企业的目标就是"打造让员工自豪的企业",并订立了三个标准:

第一,要营造"人际关系简单、作风正派"的工作氛围;

第二,要建立公正、公平的用人机制,"能者上、庸者下";

第三,要实现员工的收入与企业发展同步增长。

这就是双赢目标,当这家企业真正可以成为"让员工自豪的企业"的时候,这家企业本身就能成长为优秀的企业。结果,在订立这个目标的第二年,这家企业就扭亏为盈,而且每年的业绩增长速度都远超同行。因此,建立双赢目标的关键点是,要站在公司的立场、员工的角度,好好思考如何通过成就员工来达成公司想要的目标。

那么如何建立这样的双赢目标呢?

第一步,了解员工的需求,也就是员工愿意留在这里工作的理由是什么。给你介绍一个需求分析工具——马斯洛需求层次理论,它把人的需求分为五个层次,如图 1-1 所示。第一层是生理需求,第二层是安全需求,第三层是社交需求,第四层是尊重需求,第五层是自我实现需求。你需要从员工的成长背景、现状及你与他的深入沟通来判断员工的需求主要处于哪个层次。

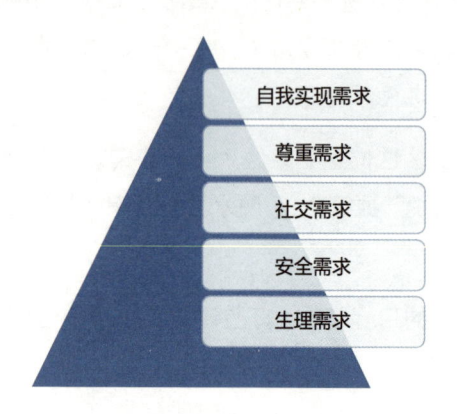

图 1-1 马斯洛需求层次

第二步,同理心思考。管理者需要把自己完全放到员工的境遇中去思考:"如果我是他,在工作中最希望得到什么?在团队中最希望收获什么?未来希望成长为什么样的职业者?"当你把这几个问题考虑清楚的时候,你就知道如何制定双赢目标了。

第三步，让员工充分理解目标。因为每个人对目标的理解都是不一样的，就像 1000 个人心中有 1000 个哈姆雷特。因此，管理者需要拉齐大家对目标的认知。方法很简单，就是清晰地解释以下三个问题：

第一，为什么这个目标对公司很重要？

第二，为什么这个目标对部门很重要？

第三，为什么这个目标对员工很重要？

下面举个例子。

有一年，我给销售团队负责人制定了一个年度增长 20% 的销售业绩目标。当时明显感觉对方内心有点抗拒，虽然答应下来，但是在接下来的工作中不断给我暗示：目标太高了，根本完不成。开会的时候，还带头发牢骚和抱怨。

我一看不对劲儿，于是找他进行了一次谈话。我给他解释了三点。

第一，为什么增长 20%，这对公司来说很重要。

先给他解释了"我们要跑赢同行"的目标制定标准。在前一年，我们行业市场的平均增幅是 18%。如果我们制定一个 15% 的增幅，就意味着这个目标本身是失败的。因为我们正在失去市场份额，我们的产品会变得没有竞争力。

我们这个团队，努力一整年，难道是为了实现一个失败的目标吗？那岂不是太可惜了？

第二，我给他解释，为什么对他这个小团队来说，这样的增长很重要。

因为他的团队比去年增加了20%的编制,只有保证20%的增幅,才能保证团队的编制不萎缩,公司才愿意继续在组织发展上投人、投钱、投资源。

有竞争力的公司,才能开出有竞争力的工资。

第三,我还给他解释,为什么对他个人而言,这个目标很重要。

我说,虽然这个团队保持了多年的高增长,但是你是这个团队的负责人,今年是你在这个岗位上工作的第二年。去年是第一年,初来乍到,公司对你的要求等级没那么高。现在团队的人都招齐了,磨合得也差不多了,正是出业绩的好时候。20%看似挑战,一旦达成,对你的晋升加分是非常大的。"好地种好粮",把你放在这个位子上,就是要重点栽培,你需要"跑赢自己"。

当我把目标这样清晰地解读之后,下属还有什么理由不带领团队拼命达成目标呢?

所以,这位销售经理也确实把握住了这次机会,一年之后交出了22%的增长幅度的答卷,获得了晋升。

当然,做这一切的核心在于,你始终把员工的目标和利益装在心里,而不是仅仅考虑公司和部门的利益。

柳井正在《经营者养成笔记》中这样写道:"只想着让自己获得成功的人,是不能胜任领导工作的。领导者必须是能够带领团队走向成功的人。"

很多领导者都希望建立"士为知己者死"的团队,没错,如果你身边有这么一个人,与你惺惺相惜,他愿意为你赴汤蹈火、在所不辞,这当然很棒,但这不是一个团队的最高境界,因为"士为知己者死"依然是被雇佣的心态,依然是"我在为你干活"。

团队的最高境界是什么?团队的最高境界是"士为自己者死",不是"知己",也不是"他人",而是"自己"。很简单,当你的二把手、三把手,以及你的团队,把你的事业当成他的事业,把你的身家性命当作他的身家性命的时候,团队就会成为战无不胜的铁军,任何利益、任何诱惑都打不垮,任何威胁都无法撼动。

创业者在创业过程中的最重要的事就是能够找到顶级人才,为了共同的目标把利益绑在一起。建立"士为自己者死"的团队,才能够无往而不胜,既能够抵御外来的敌人,也能够征服人性深处的阴暗面。

总 结

如何建立双赢目标,让员工把公司的目标当成自己的事?

第一步,了解员工的需求;

第二步,同理心思考;

第三步,让员工充分理解目标。

你需要清晰地解释三个问题:

第一,为什么这个目标对公司很重要?

第二,为什么这个目标对部门很重要?

第三,为什么这个目标对员工很重要?

实战练习

梳理一下团队接下来一个季度的关键要务是什么,按照前面介绍的三个步骤,跟团队一起,制定一个激动人心的双赢目标吧!

用人所长
如何让员工优势最大化

2019年5月,任正非在接受《面对面》栏目采访时说了一段话,让我很有同感。他说,他就是最典型的短板不行,但是他这一生想的是,短板不行就算了,不管了,他只做他的长板。为什么要把自己变成一个完美的人呢?他觉得,完美的人就是没用的人,他们公司从来不用完美的人,一看某个人追求完美,他就知道这个人没有希望。

这段话说出了卓越领导者的成功之道,你会看到很多卓越的领导者都有非常明显的缺点,比如,《乔布斯传》中记录了乔布斯情绪暴躁,不顾及别人的感受,骂人不留任何余地,但是并不影响他成为卓越的领导者。所以,想要自身卓越、团队卓越,并不是从缺点入手,而是从优势入手。

正如现代管理学之父彼得·德鲁克所言:"大多数人穷尽一生去弥补劣势,却不知从无能提升到平庸所要付出的精力,远远超过从一流提升到卓越所要付出的努力。唯有依靠优势,才能实现卓越。"

想想看,你现在的职位和责任,是通过自己的缺点获得的吗?我想一定不是这样的。

如果你用的是一个人的强项,即使你提出更高的要求,他也一定能够发挥足够的力量来完成。反之,如果你错把某个人不擅长的工作交给他去做，甚至提出更高的要求，他很可能会因不堪重负而被击垮。所以，作为管理者，能够发现下属的优点，用好他的优势，本身就是一种很好的激励方式。

那么，我们怎样用下属所长来发挥下属的优势呢？

首先，我想先做一个调研，假设在你的团队里有两类员工：

第一类员工，工作非常努力，做任何事情都不让你操心，你给他定一个目标，他总能很好地完成，而且还总能超出你的预期。

第二类员工，他做事情总是达不到你的要求，过程中要多次返工，你需要辅导他，给他纠错。

那么请问，你会花更多的精力在第一类员工身上，还是第二类员工身上？

我每次在课堂上做这个调研的时候，很多管理者说，会花更多精力在第二类员工身上。

但事实上，如果你把更多的时间和精力分配在第二类员工身上，你注定不会成为优秀的管理者，而且你的团队业绩会越来越差。

因为大多数团队 80% 的业绩，是由 20% 的员工创造的，也就是第一类员工，他们做事情非常有自驱力，基本不让你操心，结果还总能超出你的预期。只有把更多的时间和精力花在这样的员工身上，你的团队才能够取得超出你预期的成绩。而当你把更多的时间和注意力放在后进员工身上的时候，那些真正优秀的员工就会被你忽略，他们的积极性就会慢慢地下降，最终会变成第二类员工，久而久之，就会形成一个恶性循环。这也是为什么很多管理者觉得越管越累、越管问题越多的一个很重要的原因。

所以，如何用人所长？首先要做好精力的分配，要把更多的精力花在优秀员工的身上。

那么，如何发挥员工优势、用好员工的优势呢？

第一步，要了解你的下属具有什么样的特质，把他放在合适的岗位上。

比如，你的下属是一个非常积极乐观的人，如果你让他去控制风险，那么可能会出现特别大的问题；但如果你把他放到销售岗位，就能很好地发挥他的优势。再比如，那种亲和力很强，特别注重人际关系的人，如果你让他去做一些很有原则性、经常会得罪人的工作，对他来说就很难；但如果你让他去做人力资源、行政类的工作，他就能够把这个团队的氛围调节得很好，因为这符合他的性格特质。

因此，管理者要想用人所长，首先，要非常清楚地了解你的下属究竟有什么样的特质；然后，想尽一切办法把他放到适合他发挥优势的岗位上。

第二步，要清晰地告诉他，他的优势是什么。

你可能会想，有这个必要吗？难道他自己不知道自己的优势吗？

还真是不知道，大部分人都很少思考自己的优势。你的下属很有可能都不知道自己的优势究竟是什么，更没有意识去发挥自己的优势。因此，我们要做的事情就是，当你看到员工的优势的时候，一定要第一时间告诉他。

怎么样告诉他呢？我给你分享一个公式：

事实+能力或特质

首先，要把你看到的这个事情本身说出来；其次，这个事情体现出他在某方面具备什么样的能力或特质。

我们有一位负责文案撰写的员工，她可以坐在工位上一上午非常专注地写文案，旁边有同事吵翻了，她都不为所动，不被任何人影响，她这种沉浸式的状态把我感动了，中午我就把她叫到办公室来说：

"我观察到，你整个上午都在专注地写文案，大家在旁边大声讨论、说话，你都没有受到任何影响，依然非常投入，我觉得这是一种很有定力的表现，你是一个专注能力特别强的人。"

事实+特质——我给她好好地反馈了一下。

结果这位员工听完以后非常感慨，她说："我从来都没觉得这是我的优势。要知道在之前的公司，我在写文案的时候，老板跟我说话，当时我完全没有听见，也没有反应，然后，老板就觉得我非常不尊重他。"

看到了吗，在前一任领导眼里，这个特质是一个问题，但是在我眼里，这是一个优点。

这个世界从来不缺少美，只缺少发现美的眼睛！某种能力或特质究竟是优势还是劣势，关键看管理者从什么角度来看待。

第三步，要及时把他这个优势取得的成果反馈给他。

但凡员工因为自己的优势取得了一些成果，你都要及时地反馈给他。

当我看到这位员工的文案写得好、点赞量特别高的时候,我就会立刻给她反馈:"你看你的这个文案,现在点赞量已经达到多少了!"每次收到这样的反馈,她就会觉得"噢,我这样做是对的",就会形成一个正向的循环,优势不断地被加强。这一步也是帮助她自己通过优势来获得成就感。

那你可能会问:难道劣势和短板就放任不管了吗?

那么第四步就来了:要帮助员工弥补短板。

注意,这里不是让员工自己去修炼短板,而是帮助他补上短板。

这位撰写文案的员工,她的短板是什么呢?确实在人际沟通方面会弱一些,在团队里她给人的印象就是:比较清高冷傲,不太容易接近。

那么作为管理者,你就要学会给员工解围了。比如,有一次晨会的时候,我就专门创造机会,请她来给大家介绍一下自己过往的职业经历、工作习惯、沟通方式、兴趣爱好,等等。

这个举措可以让大家更好地了解她,熟悉她,知道她的为人,知道她内心真实的感受和想法。一下子就拉近了她跟其他同事之间的距离,弥补了人际沟通短板,而这位员工在融入团队之后,就觉得特别有动力,有成就感,工作的幸福感也提升了。这就是管理者帮助下属弥补短板的效果。

最后,还有一个重要的问题想跟你探讨。

经常会有管理者问我:"老师,我怎么都发现不了下属的优势,怎么办?"

我想说,你看不到优势,你肯定能看到他的缺点吧?如果你能看到他的缺点，那他就一定有优点。

比如，有的下属做事毛毛躁躁、大大咧咧，那么他的优点可能就是说话直率，行动力强，很多事情别人还没有想好，他已经开始干了；再比如，有的下属做事谨小慎微、怕东怕西，那谨慎就是他的优点，而质检、财务这些岗位就需要这样的人才；如果你觉得下属有拖延症，也许只是他做事追求完美，总是希望给别人展现最好的一面。

所以，不是下属没有优势，而是你要学会转换角度。从这一个场景来看，下属的某个特质可能是他的缺点，但是从另一个场景来看，这个特质可能就是他的优点。

说得再通透一点，其实员工无所谓优点和缺点，只有不同的特质，如果管理者把这个特质放在合适的场景里，就变成了优点；如果放在不合适的场景里，这个特质就变成了缺点。

员工突出的特质 + 场景 = 优点/缺点

关键看管理者把这个特质放在哪个场景中，我们经常会说"打江山易，守江山难"，其实不是打江山更容易，而是"打江山"和"守江山"需要的是不同的特质。比如，秦始皇就是典型的代表，秦始皇统一六国之后，在治理国家的时候依然用的是"打江山"的思维，搞得民不聊生，于是"打江山"的特质，在治理国家时反而变成了缺点。

作为管理者，你就是员工的伯乐，正所谓"千里马常有，而伯乐不常有"，当你把员工的特质放到合适的场景中时，就会得到一个双赢的结果，这不仅充分激发了员工的潜力，成就了员工，最终，你也能成长为少有的伯乐型领导者。

总　结

如何用人所长，使团队和个人的优势最大化？

一方面：

要重视你的精力分配问题，一定要把更多的时间和精力放在优秀员工身上，这有利于发挥团队的整体优势。

另一方面：

要想实现个人优势最大化，需要四个步骤：

第一步，要了解你的下属具有什么样的特质，把他放在合适的岗位上；

第二步，要清晰地告诉他，他的优势是什么；

第三步，要及时把他这个优势取得的成果反馈给他；

第四步，要帮助员工弥补短板。

实战练习

盘点你的团队成员，列举一下他们身上有什么优势，想想怎样用好这些优势。更重要的是，在他们发挥自己优势的时候，及时给予反馈，相信你会看到不一样的效果。

辅导有方
如何让员工走上成长快车道

管理者身上有一个非常重要的责任，就是培养员工成长。怎么培养员工，才能让他们快速成长，有效提升他们的工作能力呢？下面举一个例子。

一位管理者跟我抱怨说："我感觉我们团队有很多木头人，安排一步做一步，不安排就不动，我每天都很头疼，感觉一屋子的人都在等着我给他们输入指令，他们就不能主动一点、积极一点吗？而且一遇到问题就过来问我怎么办，就不能自己思考一下吗？"

听到这位管理者的困惑，我先点了点头表示理解，然后问他：

"你希望员工都能带着自己的思考和想法去工作，而不是一味等待你的安排，希望他们都能快速成长起来、独当一面，对吗？"

"对对对，是的。"

我接着问："那么，当你的下属带着工作中遇到的某个问题来请教你的时候，你是怎么做的呢？"

"我就直接告诉他，这件事你应该这么做……"

我不知道你的做法是不是跟这位管理者一样，其实这种方式可能是我们大多数人都会有的直觉反应。员工不懂某个问题来问我，而我刚好知道又刚好擅长，这不就问对人了吗！我这么多年的经验派上用场了呀,我作为管理者不就是要帮助他成长吗?

其实,这就是很多管理者很难培养下属的原因,你就像诸葛亮一样,手里永远都有三个锦囊,下属问你问题,你就给答案,那谁还愿意主动思考、主动承担呢?

我们来看一位滑雪教练教网球的案例。

美国有一位著名的网球教练,蒂莫西·高威。这个人开了一个网球训练基地,每年都会招收很多学员。有一阵子,基地的教练极度短缺,有几个学员没人带。实在没办法,高威从附近找了一位滑雪教练,请他临时代上一段时间的网球课。

结果,滑雪教练心里没底,说:"我自己的网球技术不行,怕砸了你的招牌。"高威说:"没事,别担心,你按我说的来。你用不着亲自给学员示范怎么击球,只要一边看他们打球,一边不断给他们提问题就行了。"于是,滑雪教练从他那儿拿到了一个用来提问的清单,就这样走马上任了。

过了一段时间,奇迹出现了,大家发现,这位滑雪教练教出来的学员不仅不差,居然还比网球教练带出来的学员更好。

你看,问题就来了。为什么一位滑雪教练教出来的网球学员比网球教练教的学员还好呢?要知道,网球教练可是会一遍一遍给人做示范,然后针对学员的问题提出专业性意见,而滑雪教练仅仅通过提问的方式,就能把学员教好。这背后的原理是什么?

回到我们的管理场景中,员工就是运动员,管理者就是教练,教练球打得再好,也没办法替运动员上场,你需要让运动员自己找到这其中的诀窍，拥有打好球的能力。

而这个滑雪教练就承担了管理者的角色，通过教练式陪伴，通过一系列高质量的提问，帮助员工找到释放潜能的两个开关，从而大幅提升员工的能力。

那么，教练式辅导可以打开哪两个开关呢？如图1-2所示。

图1-2　释放潜能的两个开关

第一个开关是责任。

员工的潜能没办法释放出来，相当一部分原因是，你没有让他意识到自我的责任。领导要我做什么，我就做什么，都听领导安排，我就不用动脑了。

如果员工是这样的状态，你是没有办法用到员工最顶级的资源——他的大脑的。

一位教练型管理者，会通过提问的方式让员工意识到这件事是自己的责任，启发他们的想法。即便他们回答的内容跟你想的答案不完全一致，即便你无比确定他们的方案没有你心中的那个方案好，只要没有大问题，你都愿意给他们尝试的机会，允许他们按照自己的想法去做。

当你这样发自内心地相信员工的智慧时，员工也会变得越来越自信，跃跃欲试，渴望把事情做成。这时候，恭喜你，责任感产生了，你成功地开启了他们潜能释放的第一个开关。

第二个开关是觉察。

如果说前面的"责任"解决的是动机问题，那么你还需要解决能力问题。有时候员工想把事情做好，也不是一下子就能做好的，因为他很可能不知道往哪个方向使劲儿。下面还是拿教网球举例。

一般的网球教练都会反复地跟学员说："你的眼睛一定要盯住球。"这就是控制型的、直接给指令的做法，这样的指令会让学员做得更好吗？估计很难。如果那么简单，很多人都可以成为专业的网球选手了。

仅仅"盯住球"这一条，就是超难的。就好像我们跟孩子说，你写作业专注一点，孩子就可以做到吗？显然很难。

其实我们换个方式，就变简单了。

比如，把"盯住球"换成一些问题：

"那个球朝你飞过来的时候，是朝哪一边旋转的？"

"这次球过网的时候，高度大概是多少呢？"

还有，"它弹起来之后是旋转得更快了，还是更慢了？"

这几个问题问下来，教练根本不需要提"盯住球"这三个字，学员就已经自然而然地在这么做了。

这就是那位滑雪教练能比一般的网球教练教得好的原因，通过一系列的提问，精准地触发责任和觉察这两个开关，让学员意识到"打好球是我自己的责任，我需要通过打开觉察、主动思考来不断调整我的打球姿势，让我做得越来越好"。

由此可见，管理者能够提出"好问题"是至关重要的。

那么如何提出"好问题"呢？有一个非常经典的工具，叫作 GROW 模型。

如图 1-3 所示，GROW 模型总共包含四个步骤。

第一步，Goal：设定目标；

第二步，Reality：梳理现状；

第三步，Options：探寻方案；

第四步，Will：强化意愿。

G Goal：设定目标　期望的成果是什么？

R Reality：梳理现状　挖掘真相　澄清　理解

O Options：探寻方案　探寻备选方案　征寻建议

W Will：强化意愿　阐明行动计划　设立衡量标准　规定分工角色　建立自我责任

图 1-3　GROW 模型

我们来假设一个场景：有一天，下属跑来找你，说他手上有一个很大的订单正在跟进，但是他现在接触不到决策人，不知道该怎么办，于是向你求助。

这个时候，建议不要直接给出答案，而是采用提问的方式，通过以下四个步骤来引导他找到答案。

第一步：设定目标。

你可以问他三个问题：

◎ 你的目标是什么？

◎ 希望什么时候可以实现？

◎ 实现目标的标志是什么？

他可能会说，我希望能接触关键决策人，有机会给他介绍我们的方案，争取拿到这个订单，等等。

这里要特别注意的是，你是在为对方梳理目标，而不是为他们建立目标。这个目标一定要让他自己提出来，这样他们会在后面遇到困难的时候想出更多的解决方案。

第二步：梳理现状。

通过对现状的梳理，搞清楚出现问题的原因是什么。

你可以问这些问题：

◎ 目前的状况怎么样？

他可能会说，目前到了哪个环节了，联系到哪个部门了。

◎ 你为了实现目标都做了些什么？

他可能会说，我根据他们的需求写了方案，并发到了指定的邮箱。

这个时候，你还要接着提问：

◎ 都有谁与这个事儿相关？他们分别是什么态度？

◎ 是什么原因让你不能实现目标？

◎ 与你有关的原因有哪些？

◎ 你都试着采取过哪些行动？

在这个环节，你要注意引导员工尽量客观地描述细节，不断用提问促进对方对深层次原因的觉察，让问题的根源逐渐地暴露出来。

探索现状之后，我们看清了现状和目标的差距，也剖析了存在差距的原因。

这时候就可以进入第三步：探寻方案。

你可以问：

◎ 为改变目前的情况，你能做些什么？

◎ 可供选择的方法有哪些？

一定要让他自己提出来，比如，我可以迭代一下方案再发给他们，主动去公司拜访一下，等等。

如果他说："我也想不出办法了。"你也不要着急给建议，你可以问：

◎ 你曾经见过或者听过别人有哪些好的做法吗？

◎ 你认为哪一种选择是最有可能成功的？

◎ 这些选择的优缺点是什么？

……

这一步的重点不是为了确定接下来要怎么做,而是要罗列出尽可能多的可选方案。换句话说,这一步看重的是方案的整体数量,而不是某个方案的质量。

同时,很多人在提出方案选项的时候都会情不自禁地说"这不太可能吧""我们不具备 XX 条件"。你看,他在不断地给自己的思想套上一层层的枷锁。

怎么办?我们可以这样问:"如果我们现在有能力清除障碍,你会怎么做?"帮助员工消除自我设限的想法。

而且,每个问题后面,你都可以加一句:"还有吗?还有吗?"直到你觉得他已经穷尽了他能想到的所有选项。

通过这些问题来鼓励员工展开想象,放心大胆地把创造性的想法释放出来。

当然,作为管理者,尽量不要发表自己的观点,如果你需要发表观点,可以这样说:"我这边也有一些想法,不知道会不会帮到你,你想听听吗?"记住,你只是作为他的伙伴在支持他,你的想法仅供参考而已。还是那句话,我们要尽可能地维护他的责任感。

前面三个步骤,我们设定了目标,梳理了现状,列出了方案,此时员工的觉察和责任已经得到充分的构建。

接下来,你要趁热打铁进入第四步:强化意愿,确保员工能够把对话的成果转化为行动。

这一步要完成两件事:

第一,形成一个可执行的计划。

在第三步中,他已经发散思路、罗列选项,那么这一步就需要对这些选项进行详细分析。梳理完之后，你可以这样提问："你最终的决定是什么，选哪个方案来付诸行动呢？"选择的结果可能是其中一个方案，也可能是多个方案都用上，或者是从几个方案中各挑出一部分进行组合，形成一个新的方案。

当然，仅仅确定方案还不够，你还需要让对方给出一个明确的时间，问他："打算什么时候做？"

这个时候他可能已经有一些想法了，可以让他把自己想到的方案说出来。

第二，评估执行计划的意愿。

怎么评估呢？方法很简单，你就直接问："如果范围是1~10分，那么你会对你执行计划的坚定程度打几分？"这是一个非常有力量的好问题。如果对方的回答低于8分，那么你可以告诉他："根据以往的经验，那些打分低于8分的人很少能坚持下来。"对方可以选择进行一些调整，比如减少任务量，延长期限，等等。

这就是GROW模型的四个步骤，本来员工是带着问题来找你的，但是通过这四个步骤，你引导他一步一步找到答案，这比你直接给他建议更能够激发他的动力。

总　结

如何通过有效的辅导来培养员工快速成长呢？

首先，要帮助员工找到释放潜能的两个开关，一是责任，二是觉察。责任用于解决动机问题,而觉察用于解决能力问题,两者共同激发了员工的潜能,最终体现为工作能力和业绩的提升。

其次,管理者如何提出"好问题"来帮助员工自己找到问题的答案,用到的模型是教练型领导者的有效工具 GROW 模型。它总共包含四个步骤:

第一步,Goal:设定目标;

第二步,Reality:梳理现状;

第三步,Options:探寻方案;

第四步,Will:强化意愿。

实战练习

请运用 GROW 模型的四个步骤,给你的员工、家人或朋友提供一次专业的教练服务,来感受一下对方内心的变化和自己角色的改变。

科学授权
如何通过授权激发员工的责任感

"作为一名管理者,你认为你的下属应该在企业中被赋予哪些权利,更有利于企业的经营发展?"

这是哈佛大学商学院在进行一项关于企业内部权利调研时,对高管提出的问题。大部分管理者的回答是:薪资权、福利权、带薪休假权,等等。而事实上,员工们的回答是:知情权、话语权、参与权。

对于这个调研结果,你有什么感受?你是否思考过,员工真正想要的到底是什么?

表面上看,员工想要更多的薪资、更高的职位、更好的福利,但当你把这些都给了他之后,真的能激发他的动力吗?不一定。

有一次,我听韩都衣舍的创始人赵迎光分享他们的创业成功经验,让我很受益。他们的创始人团队居然没有一位是服装行业出身的,而且都不懂互联网,却把韩都衣舍做到了淘宝一线品牌,其中很重要的一个原因,就是给员工足够的权力和试错的空间。

在他们公司内部有数百个小组,每个小组负责一个品牌,小组里只有一名客服、一名设计、一名宣传,这三个人成立小组后,有什么权力呢?

第一，选品权，选什么服装款式、用什么颜色、什么面料等都由组长决定，可以直接给工厂下单；

第二，定价权，也就是这件衣服究竟卖多少钱；

第三，打折权，这个衣服什么时候打折，打多少折扣；

第四，决定是否参加活动的权力，比如是否参加淘宝做的双11活动，等等。

而这些权力在传统的服装行业，只有老板才有，因为这些权力都关系到品牌的生死，但是在韩都衣舍，一个团队的小组长就可以做决定。那公司为什么要这么做呢？

赵总当时分享的时候就说，因为老板做的决策经常会给公司带来重大损失，几百万元都是小数目，他只是把老板做决策的损失，分散到每个小组长身上，培养了无数个具有老板思维的员工，非常划算。

这就是大胆授权和试错的妙处。

但在现实工作中，很多领导者都是亲力亲为的高手。因为在创业初期，这种方式是最高效的，可以快速地把事情做好，还能节约成本；又或者，大部分管理者都是因为业务做得好而被提拔的，当上管理者之后依然用做业务的思维做管理，把很多事情都抓在自己手里，喜欢在一线冲锋陷阵。

而当下属得不到授权的时候，会有两个直接的危害：

第一，下属得不到成长。因为一个人的决策能力来自实践，来自对结果负责，出问题了要自己解决。如果领导遥控指挥，一杆子插到底,下属就不用对结果负责,也失去了锻炼决策能力的机会。

第二,下属感觉不到信任,没有归属感。他内心会有一个声音:"难道我没有能力判断吗?就你能!"久而久之,他会把自己放到旁观者的位置,哪怕看到了部门有天大的问题,只要自己不是直接责任人,只要领导不提,那就和他没关系。

因此,**授权的核心是,让员工成为工作的主人**。

道理大家都懂,很多管理者也知道,充分授权是调动下属积极性、提高工作效率的有效方法。但很多人在尝试之后并没有获得好的效果,由于授权失败,所以"一朝被蛇咬,十年怕井绳",得了"授权恐惧症",不再授权了。

其实,授权是有方法的。授权并不是说你什么都不管,很多授权失败的原因,是突然把权力授给并不胜任的员工,或者是把不该授权的工作交给了员工。

那么究竟应该如何授权呢?我们要从两个角度来看,第一是管理者的角度,第二是员工的角度。

我们先来看**管理者的角度**。想要成功授权,首先自己要做好充分的准备,我梳理总结出以下四步。

第一步,选取授权任务。

在正式授权开始之前,管理者要做的第一件事情是:梳理当前手头上的所有工作,并按以下四点进行分类,制定一张"授权工作清单"。

(1)必须授权的工作。这类工作你本不该亲自去做,它们之所以至今留在你的手中,只是因为你已经习惯去做;或是你特别喜欢这类工作,不愿交给别人做。这类工作授权的风险最低,即使出现某些失误,也不会影响大局。

(2)应该授权的工作。这类工作总体上是一些下属完全能够胜任的日常工作,下属对此有兴趣,觉得有意思或有挑战性,而你却一直由于疏忽或其他原因没有交给他们去做。把这类工作授权给下属,不仅可以节约你的时间和精力,更有利于调动下属的积极性。

(3)可以授权的工作。这类工作往往具有一定的难度和挑战性,要求下属具有专业知识和技能,你由于不放心而长期自己干。

(4)不能授权的工作。这类工作包括制订未来发展计划、选拔和晋升下属、考核下属绩效、重大经营决策等。这类工作是不可授权的,管理者必须亲力亲为。

表 1-1 是你的"授权工作清单"。

表 1-1 授权工作清单

工作事项	不能授权	可以授权	应该授权	必须授权
总计件数				
总计比重				

第二步，营造授权氛围。

在授权之前，需要在团队内营造一种适合授权的氛围，不能因受到现行机制的约束或人为的阻挠而放弃。

在开始授权时，管理者可以使用以下策略。

（1）宣传授权的意义。在会议等公开场合，提出授权的意义和好处，让团队感知到接下来的管理变革，并且愿意接受授权。

（2）放大授权的成果。团队在实施初步授权之后，哪怕有微小的成绩提升或气氛改进都是值得关注的，应该记录下这些成绩和变化，在团队内部搞一个小庆祝，并公布给下属，让他们知道，成绩是如何取得的。

（3）以勇气鼓舞下属。尝试一个你以前不会做的事，把自己推向成长的边缘，用你自身的勇气鼓舞下属，营造一种勇于冒风险、求创新的工作氛围。比如，我之前很难适应拍短视频和线上直播，但是当我勇敢地去尝试的时候，团队是被鼓舞的，而且他们也变得更愿意去尝试授权的新工作。

当授权的氛围营造出来后，接下来的第三步，就是要将任务标准化。

管理者手头上的工作任务及他想要达到的目标，往往都存在于他的大脑中。这可能是模糊的，当他把这个模糊的任务交给下属去完成时，常常会让下属无所适从。所以，当你想要授权之前，有一个很重要的基础工作就是将任务标准化。

这样，就会让授权变得简单，效果就是，无论换了谁做这份工作，都至少可以做到 80 分的水平。就像麦当劳培养一名新入职的员工，只需要学习 6 小时就可以炸出跟全世界麦当劳一个味道的薯条，而在中国餐厅，培养一名大厨至少需要几年时间，原因就是"盐少许""酱油少许""火候适中"等模糊的概念，让人才培养周期变得漫长，很难实施授权。

因此，将工作流程标准化，不仅可以大大缩短员工的培养周期，更好地实施授权；对于公司的科学管理，也具有非常重要的意义，是公司走向成熟、走向正规化、走向制度化管理的必经之路。

第四步，作为团队管理者，你已经下定决心实施授权，大量细碎的前期铺垫也已经完成，你即将跨越授权之门。但是，有一个重要的核心也许你并未真正意识到，那就是——承担责任。

作为管理者，你对下属授权，和你对下属的最终行为承担责任，是两码事。

就如餐厅经理授权厨师做出吸引客户的好饭菜，但餐厅经理仍然要对饭店的菜品承担最终的责任。

因此，虽然已经将权力授予下属，但最终的责任还是需要管理者自己承担，否则谁愿意接受你的授权呢？

这些都是管理者的准备工作，那么选好了授权任务，有了授权氛围，任务实现了标准化，也准备好承担责任了，接下来还要从员工的角度来判断，授权到什么程度。

我们把授权主要分为六个层级，如图 1-4 所示，需要根据员工的现状和能力，分步进行。

第六级	"去做吧,这个事情全权交给你了。"
第五级	"对于这件事情,我想知道你是怎么做的。"
第四级	"想要解决这个问题,你只需要告诉我,你会怎么做,然后就去做,除非我不同意。"
第三级	"就这个问题,我想知道你会如何处理,在同我商量前不要采取行动。"
第二级	"你来制定几个可行的方案,我来审批。"
第一级	"你去了解一下具体情况,把实际情况告诉我,我来决定怎么做。"

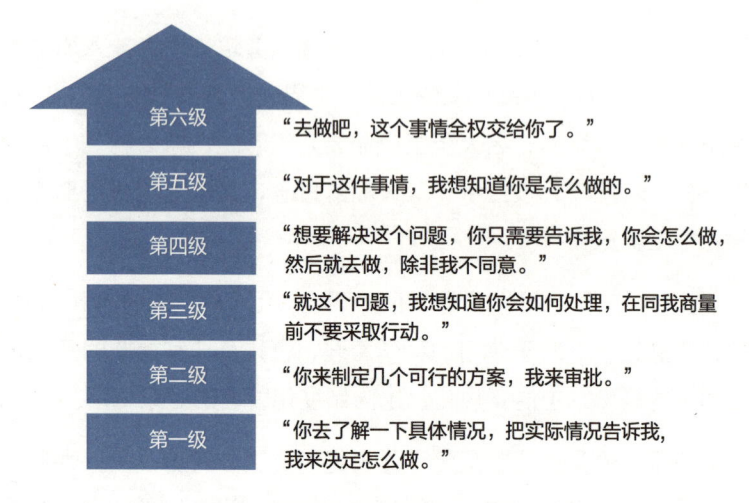

图 1-4　授权的六个层级

第一级,当员工是新手,并且缺乏经验的时候,管理者需要控制结果。

你可以这样说:"你去了解一下具体情况,把实际情况告诉我,我来决定怎么做。"

第二级,员工正在接受锻炼,并且管理者想知道他是如何处理问题的。

你可以这样说:"你来制定几个可行的方案,我来审批。"

第三级,管理者对员工有信心,但还需要做出最后批准。

你可以这样说:"就这个问题,我想知道你会如何处理,在同我商量前不要采取行动。"

第四级,管理者尊重员工的能力及判断力,但是在采取行动前要做最后的检查。

你可以这样说:"想要解决这个问题。你只需要告诉我,你会怎么做,然后就去做,除非我不同意。"

第五级,管理者对员工有完全的信心,采取行动前没有必要再商量,但是你想知道结果。

你可以在工作完成之后,这样问:"对于这件事情,我想知道你是怎么做的。"

第六级,绝对的信任,完全授权员工来处理。

你可以这样说:"去做吧,这个事情全权交给你了。"

这才是科学的授权方法,很多管理者授权失败,是因为管理者要么不授权,要么直接跳到了第六级,说:"去做吧,这个事情全权交给你了。"

总 结

如何通过授权来激发员工的责任感?

第一方面,从管理者的角度做好充分的准备,分为四个步骤:

第一步:选取授权任务;

第二步:营造授权氛围;

第三步:将任务标准化;

第四步：承担责任。

第二方面，判断员工的能力和阶段，选择合适的授权方式，分为六个层级：

第一级：当员工是新手，并且缺乏经验的时候，管理者需要控制结果。

第二级：员工正在接受锻炼，并且管理者想知道他是如何处理问题的。

第三级：管理者对员工有信心，但还需要做出最后批准。

第四级：管理者尊重员工的能力及判断力，但是在采取行动前要做最后的检查。

第五级：管理者对员工有完全的信心，采取行动前没有必要再商量，但是你想知道结果。

第六级：绝对的信任，完全授权员工来处理。

实战练习

请将你手头上的工作进行梳理，列出你的授权工作清单，按照必须授权、应该授权、可以授权、不能授权的工作进行分类，然后根据员工的能力按照授权的六个层级逐步进行授权。

打场胜仗
团队士气低落怎么办

如果你发现团队人心涣散、士气低落、缺乏能量,感觉大家没有拧成一股绳,那么,作为管理者的你,应该怎么激励团队呢?

先跟大家分享一个真实案例。

这个案例发生在某银行河北省分行,这家分行前几年因为经营管理不善,导致业绩落后,人才流失,干部队伍士气低下、没有干劲,员工也心灰意冷。

几年前,王行长刚被总行派到该分行任一把手,刚刚上任很快就感受到这种死气沉沉的氛围,干部、员工没有争先争优的意识,在这种情况下,工作肯定是做不好的。

于是,他下定决心要扭转这种局面,提振员工士气,激发员工干劲。

恰好那段时间总行要举办一次系统内的合唱比赛,于是王行长利用这个契机鼓励大家踊跃报名参赛,要求大家必须夺得名次。

这个任务对组织部门来说,想都不敢想,他们觉得如果能进决赛就不错了,拿名次是不可能的事情。

但是,迫于王行长催得紧,组织部门行动上一点都不敢懈怠。王行长不仅亲自督导,亲自参与挑选比赛曲目,并亲临现场观看排练。同时,请了专业的音乐老师进行指导,没想到,还真进入了总行的总决赛。

一听说进入了总决赛，大家都非常意外和兴奋，接下来信心就有了，先不说最后能不能拿名次，他们居然也可以登上总行的舞台，去现场参加决赛，合唱队已经迈出了成功的第一步。

为了给合唱队助阵，也为了给大家更多的信心，王行长亲自加入了合唱队，和大家一起排练，一起在总行舞台上进行演出，最终在合唱比赛中夺得了二等奖。

他们的参赛曲目是"我是明星"。喊的口号就是："心中有梦，方寸即为舞台；追求卓越，你我皆是明星。"

这是该分行这么多年来第一次挺进总行视野并获得关注，王行长转变了大家的固有思维，通过合唱比赛证明：他们依然可以！

合唱比赛结束之后，王行长通过各项举措来营造这种竞赛文化，鼓励大家敢于竞争、勇于争先。各项工作，王行长都高标准、严要求，倒逼大家万事要尽全力，努力做到最好。通过一年的共同努力，该分行的经营业绩在系统内由原来的 D 提升到 A，多个部门的考核也冲进了系统前十名，在多项业务比赛中取得了不菲的成绩，该分行的经营和管理都取得了巨大的进步，赢得了总行更多的关注，赢得了兄弟分行更多的尊重。

这家分行从不想、不敢、不做，转变为要想、敢想、敢做。

用他们员工的一句话说就是，原来他们去总行都是低头走路、小声说话，现在去总行都是抬头挺胸、底气十足。

这一年多，因为员工承担了更大的责任、克服了更多的困难、也经历了更多没有经历过的事情，分行的干部及员工队伍得到了很好的锻炼，潜力被激发出来，涌现出大量的年轻人才，很多年轻人被提拔重用，员工不仅能力上得到提升，职业价值也得以实现。

王行长也因工作出色、卓有成效，被调至总行担任更重要的职务。

不得不赞叹啊，真是"一曲打了个翻身仗"!

这就是一位优秀领导者如何通过打胜仗的方式，让整个团队士气大涨的过程。合唱比赛虽然看起来是与业绩无关的比赛，但它给员工带来了自信，激发了工作的意愿，成为业绩增长的重要转折。

因此，当团队士气低落的时候，最好的方法就是带领团队打胜仗，持续带领团队打胜仗。

让打胜仗的思想成为一种信仰。

胜仗打多了，团队对领导的信心自然就建立起来了，而此时你的领导力就是一次次胜利积累出来的自然结果。

那么问题来了，怎么才能带领团队打好一场胜仗呢？并不是定一个目标，将目标扔给团队就不管了，而是要做好过程管理，确保结果的达成。

想要真正打好大仗，你得找到正确的发力点。那么需要抓住哪些发力点呢？

我们从一场战役的三个阶段——预热期、备战期、冲锋期来展开讲解。

1. **预热期**

这个时期的挑战在于：大家对这件事不上心，认为这件事不重要，或者认为时间还早，甚至根本不知道要做什么。结果等到真正要交付的时候，临时抱佛脚，手忙脚乱，变成一场乱仗。

那怎么办呢？

你需要通过三个会把大家调动起来，它们分别是：项目立项会、全员宣讲会和培训会。

先是开项目立项会。

你需要明确这场大战的终极目标到底是什么？不同部门或者个人各自承担的目标是什么？他们分别能够投入什么资源？

比如，像双 11 这种大活动，最少需要提前两个月准备，把与活动有关的利益相关部门召集起来开这个会。在这个会上，各方把各自的目标和能够投入的资源讲清楚、列出来。让大家的信息充分交换，让跨部门的沟通成本尽量降低。如有需要，甚至可以把这些目标和需求当场打印出来，让利益相关方签字确认。

接下来就是全员宣讲会。

你要把这场战役的目标和重要性，给全员做一次宣讲。让大家非常清楚地知道：

◎ 这个目标为什么对公司重要？

◎ 为什么对团队重要？

◎ 为什么对每个员工重要？

除了把三个为什么讲清楚，你还要规划接下来怎么做，完成的节奏是什么？你可以用甘特图等项目管理工具把整个项目的全貌展示给团队。

宣讲会开完之后，应该立刻趁热打铁，开始给各个部门或者团队召开培训会。培训会的作用是帮助你把目标拆解到各个相关部门，或者每个员工身上。

2. 备战期

预热期的三场会开完之后，团队就开始推进项目了，此时进入了第二个时期：备战期。

在这个时期，你要开始让项目团队的状态进行切换，要让大家进入战时状态，不能像平时那样按部就班地工作，需要营造紧迫的氛围。

我给你三个法宝，来营造这种大战在即的氛围，分别是**作战室、军令状和目标看板**。

为什么要有作战室呢？

如果没有作战室，那么大战即将来临的时候，不少团队可能还是各干各的。像这种公司级的战役，往往需要从各个部门抽调人员，如果他们还坐在各自部门里办公，很容易被自己的部门老大叫去干别的活。

有了作战室就不一样了。它可以是一间大会议室，临时被抽调到这场战役中的各个部门的员工会被安排坐在这里，接受你的直接指挥。大家每天盯着项目进度，任何一个部门发生"掉链子"的事情，就由来自这个部门的项目组成员去监督落地。可以让跨部门沟通成本做到最低，沟通效率做到最高。

有了作战室，你还需要军令状。

这是一个非常有仪式感的动作，让项目组全体成员对项目达成进行宣誓。这样做，一方面可以让每个项目组成员更加清楚自己的职责和目标；另一方面，也可以激发大家的斗志。

当然，军令状并不一定非要搞成惩罚型的，反而是有趣的、搞怪的对赌模式效果更好。比如，我有一位学员的企业在双 11 活动中约定了一个对赌惩罚，如果团队达成公司规定的挑战目标，董事长就当众给大家跳草裙舞。最后团队完成了这个挑战，董事长也开心地兑现承诺，在年会上给大家跳草裙舞。

第三个法宝就是目标看板。

就是把我们这场战役的目标和进度写在一张大表上，并贴上墙。

不过这还不够，作为这场战役的总指挥，你要把达成目标的氛围做到极致。比如，我会把目标印到大家的 T 恤衫上，下载到手机和电脑的屏保上，贴在每个人的桌子上。总之，要让你的目标无处不在，深入人心。

等到大仗打响的时候，这个看板还要发挥检测进度的作用。每个团队都有一个目标完成进度条，在墙上实时展现，这样落后的团队自然就会有压力。

这就是备战期的三个法宝，分别是作战室、军令状和目标看板，可以帮助你把战斗的氛围推向高峰，为下一个时期做充分的铺垫，下一个时期就是这场战斗的第三个时期，也是最关键的时期——冲锋期。

3. 冲锋期

战场上风云变幻，可能并不像我们规划的那样顺利，如果刚遇到点挫折，团队就有人开始打退堂鼓，喊着"搞不定，搞不定"，那么团队士气就会受影响。因此，我们需要把握冲锋的节奏，也就是要把握业绩的节奏感。

有三个关键的事情可以让你的节奏恰到好处，那就是**开门红、里程碑和尖刀连**。

开门红是指，你尽量把容易搞定的小项目放在前面，不要让团队一上来就碰壁。

里程碑是指，每当团队达成一些重要的整数目标关口，你就要在团队内部大肆宣传一下，把团队的气氛都调动起来。

尖刀连是指，在完成大战役的过程中，一定会出现一些难啃的"硬骨头"。那么，你作为管理者就要带领最精锐的小分队冲在第一线，不惜一切代价，帮大家把这些难啃的"骨头"啃掉，给团队打个样。

当然，大战结束后，复盘也非常重要，做好总结和表彰，及时兑现奖励，为这场胜仗画上一个圆满的句号，为打好下一场大仗做铺垫。

总　结

提升团队士气最好的方式就是带团队打赢一场又一场胜仗，让大家在赢的氛围中不断被激励。

打胜仗也是有方法的,可以在预热期、备战期、冲锋期这三个阶段,找到工作的抓手,提高团队协作的效率和团队士气。这样,你打赢这场仗的概率,就会比别人高得多。

(1) 预热期,通过项目立项会、全员宣讲会和培训会把大家的积极性调动起来。

(2) 备战期,通过作战室、军令状和目标看板让团队进入战时状态,营造紧迫氛围。

(3) 冲锋期,通过开门红、里程碑和尖刀连把握住业绩的节奏感。

在结束之后,做好复盘,为公司留下战时的流程制度,为下一次发力做好准备。

实战练习

现在,你想不想亲自体验一下指挥作战的感觉?那么,给你留一个小作业,想一想最近需要带领团队完成哪些艰难任务,选择最重要的一个,用今天所学到的方法制订一份作战计划,带领团队打一场酣畅淋漓的胜仗吧!

信任为先
怎么让员工心无旁骛地往前冲

在团队中相互合作、取得胜利有一个重要纽带,那就是信任。

信任和激励之间有什么关系?怎样才能在团队中建立信任,打消员工的顾虑,让员工超水平发挥呢?

有一次上课的时候,一位学员找到我,很焦虑地问:"老师,我刚刚跳槽到一个新团队,感觉很难融入其中,在我之前的团队里很容易做到的事情,到新团队就很难推进。"

我让他举一个具体的例子。

他说:"就拿沟通来说吧,在我过去的团队里,即使我语气不好,别人也能理解我真正要表达的意思是什么,配合很默契。但是现在,就算我非常注意措辞,很精准地表达,别人还是会误解我的意思,感觉大家防备心很重,搞得我心很累。"

相信你已经看出来他的问题在哪里了。对于空降兵来说,除了客观环境的不同之外,还有一个重要的原因,就是他面临的信任环境发生了变化。所以他想要把自己的想法在团队落地,首先要做的就是在新的团队建立信任。

作为管理者,如何建立与团队员工之间的信任呢?

信任通常来自三个方面:**职位威信、专业威信和管理威信**。

先来说第一个——职位威信。比如，你跟下属说："我是老板，我说了算。"这种信任比较表面，口服心不服。

再来说第二个——专业威信。比如，你在团队会议中说："我是这方面的专家，大家都听我的。"你有专业威信当然很好，不过往往对你的专业能力要求会非常高。

我认为见效快，同时更持久的信任是第三个——管理威信，也就是通过管理动作建立你跟团队的信任，因为它是一种由内而外的影响方式。下面举一个例子。

我曾经的一位领导，她一上任就和我们约法三章。她说："我答应你们的请求，我一定会办到。我希望你们答应我的事，也一定要办到。"

她平时不严厉，甚至开起玩笑来给人一种天真可爱的感觉。但是，她在为团队争取利益的时候，一点也不含糊。

反过来，一旦有人在工作中没能信守诺言，她较起真来，会让对方恨不得找个地缝钻进去。我们从来不需要做什么表态，但是，一旦确认要做到的业绩目标，那真的是拼了命也要去完成。

所以，判断你有没有真的在团队中建立起信任，光看员工如何表态是不够的，还要看大家是不是真的把你的要求，由内而外地付诸了行动。

那么，怎么通过管理来建立团队的信任关系呢？可以分三步走。

第一步，设定规矩。

你要先给团队立一个容易落地、犯规了容易被发现的小规矩，以点带面，调整队伍状态，建立与团队的信任。

举个例子，曼联传奇教练亚历克斯·弗格森刚上任的时候，就强力推行"戒酒"这个小规矩，他深知酒精会毁掉职业球员。亚历克斯·弗格森甚至直接上球员家里去抓喝酒的球员，而不仅仅看球员在球场上的行为表现。

落实到职场，比如下属接任务时喜欢推脱，你可以从语言上要求下属们，不许说"我搞不定这个任务，是因为一、二、三……"，而只能说"如果要搞定这个任务，我需要的支持是……"

又或者，下属不主动汇报，那么可以定一个规矩——每周写工作周记，并抄送至整个部门。

针对下属复盘时总爱推卸责任的问题，我曾经的老板就制定过一个特别有趣的规矩，叫作"No no"，就是规定下属在汇报工作说到其他部门时，不能出现"不行、不对"，总之任何带"不"的负面词，都不能说。这也是管理层针对部门间互相"甩锅"的问题规范团队的一个小动作。

这里提醒你注意一下，规矩最终是为出业绩服务的。有的团队要有很强的纪律性才能出业绩，那么，上下班不迟到就应该是一个规矩。但是，对于创意型工作的团队，死板僵化的工作状态反而会让士气下降。

接着，我们来介绍第二步，对齐标准。

要让一个规矩执行落地，你要与你的团队清晰地沟通这三个问题：

◎ 你的规矩为什么而定？

◎ 标准动作是什么?

◎ 违反了规矩有什么后果?

比如,如果你规定"与别的部门合作不能说 No",就要告诉团队,为什么要这么做,这是为你的规矩确立"合法性地位"。你要能一针见血地指出,哪些不正确的行为阻碍了团队业绩的达成。所以,我们需要制定一些规矩,目的不是为了限制大家,而是为了更好地帮助团队进步。

有一部根据真实事件改编的电影叫《卡特教练》,里面讲了一个故事,我特别有感触。篮球教练卡特上任之后给队员制定的一条规矩是,每次正式练习之前,不管是队员迟到,还是有队员质疑教练,训练和惩罚的方式都是一个:做俯卧撑。

为什么要定这个规矩呢?教练解释道:"你们过去参加 26 次比赛,输了 22 次,我看了你们的比赛过程,你们投篮没问题,最大的问题出在你们的体能上。所以,做俯卧撑就是为了尽快把你们的体能短板补上。"这样的解释,会让团队对你定的规矩心服口服。

光说明为什么立规矩还不够,你还要明确"标准动作"是什么,什么时候开始执行,什么情况下可以有例外。就像走正步一样,你先要给团队一个标准,让他们知道怎样才算对齐,同时说明标准以外的情况。比如,"跟其他部门合作不能说 No"这条规矩,假如其他部门确实违背了公司的价值观,或者做了伤害用户体验的事,当然要敢于说 No,没有必要太教条。

接下来要向大家讲清楚,"规矩怎么落地,违反了规矩有什么后果"。

前期你定的规矩,针对的都是这些"小动作"。如果团队有人"踩线",我建议你最好采取比较温和、轻松的小惩罚。这就好比,要是过马路闯红灯都要把人关起来,那么以后就没有人敢走路了。可以让违规的下属请大家喝一杯奶茶,或者表演一个节目等,都是不错的选择。

建立团队信任的第三步,让团队公开承诺。

就是请大家来表态:我们都愿意力挺这个规矩,一旦违规,愿意受罚。

你可以让大家轮流对新规矩发表意见,甚至可以让大家在文件上"签军令状",然后把军令状挂在办公室显眼的地方。

不要小看这个动作,这里用到了心理学的"承诺和一致"心理,对自己的承诺进行公开表态,让越多的人知道,人们就越容易坚持下去。

当团队建立了统一的规矩,并且一致执行的时候,团队内部的信任就慢慢建立起来了,而这种信任的建立,将直接决定团队的战斗力。

知名的咨询顾问罗伯特·肖曾经说过:"企业成功最需要的两个要素是:第一,有竞争力的好战略;第二,超强的组织执行能力。而不信任是这两个要素的敌人。"

高信任度不一定能挽救一个糟糕的战略,而低信任度一定会损害一个好的战略。

如果把这段话变成一个公式,那应该是:

战略×执行×信任=结果

过去,我们常常忽略了"信任"这个隐藏变量。

高信任度可以创造更好的协作,把战略和执行的乘数再放大。

因为信任总是影响两个结果:一是效率,二是成本。

当信任下降时,效率也会下降,成本就会上升。

当信任上升时,效率也会上升,这时候成本就会下降。

就是这么简单,这么真实,这么可预测。

团队成员之间的合作,是交了很多"信任税",还是在享受"信任红利",结果差距很大。就像管理大师史蒂夫·柯维所言:"信任是激励的最高境界,它能使人表现出最优秀的一面。"而管理者与团队成员之间建立信任,就好像彼此确认过眼神一样,会让员工自动自发、心无旁骛地往前冲。

总 结

信任通常来自三个方面:职位威信、专业威信和管理威信。

如何在团队中建立管理信任呢?

第一步,设定规矩,从容易落地的小规矩入手,以点带面,调整队伍状态。

第二步,对齐标准,与团队清晰地沟通如下三个问题:

◎ 你的规矩为什么而定?

◎ 标准动作是什么?

◎ 违反了规矩有什么后果?

第三步,让团队公开承诺,运用"承诺和一致"的心理,让大家对自己的承诺进行公开表态。

实战练习

你在团队中建立的是职业威信、专业威信还是管理威信呢?尝试运用所学到的方法,通过管理来建立与团队的信任关系。

以身作则
怎么让员工愿意跟随你

曾经有一位管理者向我提问,他说,为什么同样的管理岗位,有的领导就能凝聚人心,让大家愿意死心塌地地追随他,而有的领导带的团队就像一盘散沙,和下面的人离心离德。这其中的区别是什么,怎么才能做到前者?

我们小时候看打仗的电影,经常会看到这样两种画面:有的军官挥舞着手枪,冲在了队伍的最前面,喊:"兄弟们,跟我上!"而有的军官呢,也挥舞着手枪,但是他们是站在队伍的最后面,喊的是:"弟兄们,给我上!"

一个是"跟我上",一个是"给我上",尽管只有一字之差,但是格局就完全不同了。哪一句口令更有效呢?我想大家心中都已经有了答案。

所以,怎么样才能凝聚人心,让大家发自内心地愿意追随你?

在回答这个问题之前,我想先请你问自己一个问题:你是想要当领导,还是想要发挥领导力?

当领导意味着更高的地位、更大的权力、更多的金钱,这是大多数人都想要的。而发挥领导力,意味着挺身而出,承担责任,解决大家面对的一个集体难题,这只有少数人才有兴趣。大多数人都想当领导，只有少数人想发挥领导力。

如果你想要修炼领导力，想要让大家发自内心地追随你，那么当你面对一个集体难题的时候，就需要挺身而出、承担责任，能够站出来说一句"跟我上"，也就是"以身作则"。

有人可能觉得，这很容易啊，不就是三个字吗？

其实说"跟我上"是不容易的，这不仅仅是三个字，这还是一种挺身而出、承担责任的心智模式，这不符合人的本性。

有一位学者叫马克·范福特，他从进化心理学的视角来研究领导力。他有这样一个观点：我们天生都是追随者，人类进化而来的默认设置是追随，而不是领导。

有两个进化上的原因让我们首先选择了追随：

第一，追随者是随大流，人越多越安全，有利于在原始环境中生存；

第二，追随者通过模仿来学习，避免了试错过程中可能带来的危险代价。比如，看见一个蘑菇谁去尝？这个时候"追随"比"领导"更安全。

所以，追随是人类的默认设置。

在组织中，一个集体难题涉及的人越多，每个人感受到的责任就越小，挺身而出的可能性也就越小。再加上，我上面提到的，追随是大多数人的默认设置，所以大多数人都在等待其他人挺身而出。如果这个时候有少数人说"跟我上"，这些人挺身而出，他们就是在发挥领导力。而且，因为其他人的默认设置是追随，他们也很可能会追随你。

所以，领导者大部分时候都需要反人性，打破人类进化而来的默认设置，只有以身作则，才能赢得他人的跟随。

那么什么时候需要领导者以身作则呢？我给你整理了三个方面，并通过三个故事分享给你。

故事一

这是一个关于南极探险的故事，主人公叫沙克尔顿，他被称为"人类探险历史上最伟大的领导者"。

1914年，沙克尔顿招募了27名船员，乘坐坚毅号到达了南极半岛。在这个时候沙克尔顿遇到了冰面状况极度恶化的情况，他们在冰面上被卡了10个月，所有的给养几乎全部耗光，燃料也没有了。

这28个人不得不靠捕食企鹅、喝冰雪为生。但在这样的艰苦条件下，沙克尔顿仍然谈笑风生，始终尽可能去激励团队保持士气，并且时不时地翩翩起舞，把团队成员逗得哈哈大笑。

就这样坚持了5个月的时间，海冰开始融化，海浪把他们推到了象岛，象岛远离主航道，根本不可能有船只经过，他们不会得救。

因此，沙克尔顿不得不进一步冒险。他站出来，并挑选了5个身强力壮的船员跟他一起从象岛出发，在惊涛骇浪的海上漂了整整16天，终于到达了南乔治亚岛。

但是，他们到达的是南岸，唯一可能求救的捕鲸站在南乔治亚岛的北岸，因此，沙克尔顿决定站出来再次冒险翻越山峰，他把两个身体比较弱的人留在南岸，带了另外两个身体强壮的人，翻越南乔治亚岛。

在长达60个小时的时间中，他们3个人不吃、不喝、不睡，跨过了42千米冰雪覆盖的山峰，翻阅了3000多米高的连飞鸟都难以逾越的冰峰，最终到达了南乔治亚岛的北岸的捕鲸站。

当捕鲸站的站长和工作人员看到3个野人，胡子拉碴、衣不蔽体、浑身都是冻伤，在那么艰苦的条件下，从天而降，仿佛天神一般。

他们仅仅在捕鲸站休息了3天时间，就成功地说服了捕鲸站的站员们，派遣一艘船跟他们一起到大象岛去营救他们的队员，最终沙克尔顿成功地把队员营救出去，28个人无一人死亡。

此时距离他们当初从英国出发，整整过去了两年零一个月，沙克尔顿被称为人类集体探险史上最伟大的领导者。

我们来看看，沙克尔顿作为船长，在这种情况下都展现了什么？

第一，他有想法，有坚定的信念要寻找出路，而不是被动地等待救援；

第二，他有信心，即便在那么绝望的情况下，他依然带领大家谈笑风生、翩翩起舞，鼓舞士气；

第三，他有行动，带领队员战胜重重困难，只为寻找一线生机；

第四，他有责任，在自己得救了之后，还说服捕鲸站的站员们去营救队友，最终让大家都脱离险境。

试想一下，如果当时沙克尔顿没有站出来寻找出路，结局会怎样？这就是他跟别人不一样的地方，他有想法、有信心、有行动、有责任。但是最不一样的地方就是，他首先说了这样一句话："跟我上。"因为沙克尔顿站出来说了"跟我上"，他把这次灾难变成了一个领导力的案例，变成了探险史上可以在极端恶劣的条件下全部生还的一个奇迹。

我想起了普鲁士军事理论家卡尔·冯·克劳塞维茨在《战争论》中所说的那句话：当战争打到一塌糊涂的时候，将领的作用是什么？就是要在茫茫黑夜中，把自己的心拿出来点燃，带领你的队伍前进。

所以，领导者需要以身作则的**第一个时刻**，是危难时刻，成为黑暗中的一盏明灯，提出想法、传递信心、率先行动、做出表率。

故事二

这个故事是商界领导者的例子，杰夫·贝索斯是全球第一大电商——亚马逊公司的创始人，中国的电商是每年双11特别忙，美国的电商是每年圣诞节的时候特别忙。

在那个时候，亚马逊的库房里分拣货物的工人非常辛苦，公司领导让人把救护车停在仓库的外面，因为工作强度太大了，员工很容易出现健康问题。这个时候贝索斯在干什么呢？

他不是去慰问工人，而是亲自到库房里跟工人们一起配送货物，这就是贝索斯在说"跟我上"。

这种"跟我上"，也就是我们经常说的以身作则。

所以，领导者需要以身作则的**第二个时刻**，是在团队打仗的时刻，尤其是艰难的硬仗，如果你能够跟团队成员在一起并肩战斗，跟员工站在一起，就会起到莫大的激励效果。

故事三

这个故事来自我曾经的一位学员，在课间休息时，他找到我，跟我抱怨说："我们公司的客服不给力，工作积极性不高，每天都垂头丧气的，我应该怎么激励他们呢？"

我问他，你有没有做过客服的工作？他说，没有。

我又问，那你知道客服每天都在忙什么吗？他说，不知道。

我跟他说，你要尝试自己去体验一下客服的工作，设身处地地了解一下他们的真实工作场景，你可能就知道怎么做了。

于是，他回去之后，真的尝试着做了一星期的客服工作，当他开始真正处理客户投诉，全天都在不断地接打电话，帮客户解决各种烦琐的难题时，他一下子就理解了为什么客服总是心情低落、眼里无光，大部分时间看起来都很消极。

因为客服就像一个情绪垃圾桶，每天都要接收来自四面八方的糟糕情绪，而他们却只能接受，并且需要保持专业、保持微笑、调动同理心去处理，久而久之，他们的情绪没有地方得到释放，就会变得很压抑。

当他真正开始理解客服的工作时，也就明白了员工真正需要的是什么。于是他就每天在办公室准备一些小零食，给客服做好各种后勤保障工作，还专门安排了一位负责心理疏导的老员工，看到谁情绪不佳就去跟他聊聊天，帮他舒缓情绪。总之，他不再责怪客服，而是想着怎么让他们工作有幸福感，办公室的氛围慢慢就好起来了，客服的工作效率也大大提升了。

所以，领导者需要以身作则的**第三个时刻**，是当你需要解决实际问题时，如果你站在旁边实在找不到解决之道，最好的办法就是躬身入局，设身处地地看到员工看到的，听到员工听到的，体会员工所体会的，相信答案也就会浮出水面了。

总　结

领导者需要以身作则的三种时刻：

在危难时刻，成为黑暗中的一盏明灯，提出想法、传递信心、率先行动、做出表率；

在团队打仗的时刻，尤其是艰难的硬仗，如果你能够跟团队成员在一起并肩战斗，跟员工站在一起，就会起到莫大的激励效果；

当你需要解决实际问题时，如果你站在旁边实在找不到解决之道，最好的办法就是躬身入局，设身处地地看到员工看到的，听到员工听到的，体会员工所体会的，相信答案也就会浮出水面了。

实战练习

想想看,你的团队中目前有哪些需要解决的难题,是需要你以身作则、带领员工一起完成的?选择最重要的一个,用你所学到的方法,带领团队"跟我上"。

激励新人
如何帮助新员工快速创造业绩

不少人觉得，新员工的业绩不好，意味着能力不行。

这么说就太武断了。

在 2017 年《哈佛商业评论》上刊登过一个研究，他们对新近跳槽的 588 名高管进行了调查，发现这些高管能力都很强，但如果出现对新团队不适应的情况，那么很难马上出业绩。

为什么呢？原因无外乎"不适应新团队的运作模式""与新团队的文化冲突""与陌生同事合作不愉快"，等等。

高管尚且如此，更何况普通员工。普通的新员工刚加入一家公司，会担心自己说错话、做错事。如果没有正确的疏导，还会畏首畏尾。既然招聘的时候，他们通过了你的面试，说明你当初看上了人家的能力。所以，新员工能否出业绩，关键看"是否可以快速融入团队"。请注意，我这里说的新人不仅仅是指应届毕业生，只要是新加入你们团队的人，哪怕有着多年的工作经验，同样会遇到新人的不适应期，可能会影响业绩。

怎么能帮助新员工快速融入团队呢？

作为管理者，你不可能全天候、无死角地去关怀每一位员工。你只需要在新员工入职的这 6 个关键时刻给予他们适时的帮助，就能够有效地让他们快速适应新团队，为团队贡献业绩。

第一个关键时刻，是发入职通知书的时候。

你没看错，帮助新员工融入团队，不是从入职那一天才开始的。而是当你决定让他入职的时候，就应该是你关怀他的起点。因为他收到你发的入职通知书，并不意味着他一定会来，在正式入职之前，别的公司很可能会乘虚而入，让你跟优秀人才失之交臂。

那么在入职之前，怎么体现出公司对新员工的关怀呢？

你可以在发入职通知书的时候，给他安排一位小伙伴。这个小伙伴，最好与这个新员工年龄相仿，工作经历也差不多。当然，一定要选择业绩好又具有正能量的员工。新员工遇到的所有关于入职的问题，都可以直接与这位小伙伴沟通、请教。而且，因为他们年纪和经历很相似，容易有许多生活化的交流。比如，新公司附近哪里有好吃的？团队里面其他同事都是什么风格的？与老板沟通时要注意什么？等等。不要小看了这些问题的交流，对于新员工来说这是非常重要的，而这些问题，新员工不方便直接来问你，所以这个小伙伴就是最好的人选。更重要的是，如果新员工流露出不打算入职的意向，那么小伙伴可以第一时间帮你进行安抚和挽留。

第二个关键时刻是入职的第一天。

很多管理者对新员工入职的第一天非常敷衍。新员工到来时，没有人欢迎，领了电脑后就坐到工位上，立刻开始工作了。这种做法真的不推荐。

换工作对于员工来说是一件大事，有的人几年才更换一份工作，所以是特别慎重的事情，如果入职第一天就这么草草结束，容易使新员工的入职决心产生动摇。

你可以提前让新员工做一页自我介绍的PPT，等新员工入职的那一天，让他在整个团队面前做一次亮相。当然，你也要向团队隆重地介绍他。告诉团队成员，我为什么招聘他？我看中了他身上的哪些优点？同时，也要让团队里的每个人给新员工做一次自我介绍，让他尽快与周围的同事熟悉起来。

这个时候，最好给新员工准备一份见面礼。在新员工入职的第一天，我会把我喜欢的职场书籍作为礼物送给新员工。你还可以在扉页写上对他的寄语，甚至可以邀请团队里的所有成员一起来签名。

总之，一定要把第一天的仪式感拉满。记住，这是他人生里很重要的高光时刻，必须要充满仪式感。

第三个关键时刻，是第一周进行工作汇报的时候。

在第一周里，新员工对工作流程应该有了初步的认识，也开始接手了一些工作。但这个时候，什么事情重要，什么事情不重要，他心里是没有数的。让他自己误打误撞，很可能会因为不懂分配优先级，导致在短期之内出不了业绩，有挫败感。正好一周结束了，借这次汇报的机会，你帮他梳理一下工作的优先级。还可以听听他的成长情况，看看有没有遇到哪些棘手的问题，需要你的帮助？同时，你还需要给他安排之后的工作。

第四个关键时刻是第一个月结束的时候。

月度工作汇报自然要有,除此之外,在第一个月结束的时候可以安排一次集体团建。比如,组织团队到郊外走一走,一起聚餐;或者组织团队玩真人 CS、密室逃脱这种娱乐型的活动。

这个活动的意义在于:创造一个脱离工作之外的环境。大家平时在工作中不会有太多的私人交流,而团建的目的就是让大家玩起来,帮新员工尽快融入团队中,加强他和团队之间的默契。

这就是时间维度上的四个关键时刻:发入职通知书时、入职第一天、入职第一周、入职第一个月。

第五个关键时刻是新员工第一次遭受挫折的时候。

我们经常认为,出状况之后把问题处理好就行了。但你却忘了,对新人来说,这也是一个非常重要的节点。不管什么时候发生,原因是什么,你都要在第一时间介入。新员工犯错误往往是由于缺乏经验,或者对新团队的规矩不清楚。要是老员工犯了错误,会对问题的关键看得很清楚。但新员工不一样,他既不知道这个问题的后果有多严重,也不知道应该怎么改进,很容易因此而心态失衡,做事变得缩手缩脚起来。要帮助老员工很容易,你只需要指出要他改进的一二三点,他就会自己去解决问题了。但是,对新员工的辅导方法则有些不同。

通常可以分三步走:**稳住情绪、复盘原因、总结教训**。

第一步是**稳住情绪**。

一般而言,新员工还是很积极的,会希望尽快出业绩。但是,挫折容易让他情绪低落，对自己的能力产生怀疑。在那个当下，如果你发现他情绪低落，你可以约他第二天进行复盘。在复盘原因的时候，很重要的一点是，一定要让他从做得好的地方说起。不要以为下属遇到挫折，整个项目就一无是处了。先从做得好的地方讲起，可以帮助他恢复自信。这样做，会在很大程度上安抚他的情绪，让接下来的复盘更加顺利。

然后，就要开始梳理项目中出现的问题。这个过程要切记规避与"责任"相关的话术，要把重点放在"提升空间"上。因为这次复盘的目的不是让他为这次错误负责，而是教导他以后如何提升。你可以这样说："在项目过程中，你看到了什么没有做好的地方吗？以后再出现类似的情况，你认为应该如何提升呢？"

不管下属说什么，都不要打断。等他说完之后，再帮助他从失败中总结教训。这里需要注意一个话术，千万不要用"我认为下次你应该注意怎样怎样"，而是要用"如果再遇到类似的情况，我会怎样处理"。这样不仅可以分享你的工作经验，更能让下属感受到，你对项目的反思和自我复盘。

总之，这一步的最终目的是把错误的经验落实到下一步的提升计划上，这样下属才算是真的从挫折里走出来了。

第六个关键时刻是新员工第一次取得胜利的时候。

这是一个非常重要的时刻，它意味着新员工来到公司之后，终于能够证明自己的价值了。这时候，你作为管理者，一定要看到这个新员工的业绩，并且帮助他在团队内做宣传。

比如，把团队召集到一个办公室里，让新员工隆重地分享他的成功案例。他做了什么？在做的过程中得到大家的哪些帮助？最后取得了怎样的成绩？必要的时候，要第一时间抄送给你的上级，让更高层知道，并且肯定这位新员工取得的成果。

在我的电脑里，到现在还珍藏着当年我刚进第一家公司的时候，我老板的老板发给整个大部门的邮件，邮件中表彰我在工作中提到的一个非常小的改进建议，心里是那么的美滋滋。

总　结

如何帮助新员工快速融入团队，创造业绩？

管理者应该在六个关键时刻给予他们帮助。

时间维度的关键时刻有四个，分别需要做的是：

◎ 发入职通知时安排小伙伴；

◎ 第一天准备见面礼和创造仪式感；

◎ 第一周结束进行复盘；

◎ 第一个月结束进行团建。

工作维度的关键时刻有两个，分别需要做的是：

◎ 新员工第一次遭受挫折的时候，需要稳住情绪、复盘原因、总结教训；

◎ 新员工第一次取得胜利的时候，要及时给予反馈。

做好这六个关键时刻的工作,就能够避免新员工的不适应问题,帮助他们更好地产生业绩。

实战练习

如果你要选一本符合你管理理念的职场图书,在下一位新人入职的时候,把它当作"见面礼"送出去,你会选哪本书呢?赶紧先准备起来吧!

激励老员工
如何唤醒"躺平"的老员工，让他们重新找回动力

在我的课堂里，管理者问到的一个高频话题是：

- 我们团队的几个老员工不服管怎么办？
- 老员工选择"躺平"怎么办？
- 老员工干的时间太长，没有工作动力怎么办？

仿佛老员工成为很多管理者的麻烦事儿，管理者习惯性地给这些老员工贴各种标签，戴着有色眼镜看待老员工，而这样的结果就是，对方表现越来越糟糕，你们的关系越来越糟糕，甚至水火不相容。

在这里，我想为老员工说句话，我们需要换个角度来看待这个问题，因为老员工很有可能是你们团队的宝贵资源，理由如下。

第一，老员工熟悉业务、经验丰富，很多关键业务、关键技术都掌握在他们手中，如果离职了，那真是釜底抽薪，可能会对你的业务造成冲击。

第二，老员工因为在公司时间长，往往资源比较丰富，无论是人脉资源还是工作资源，都能很好地助力你完成团队业绩。

第三，老员工在公司里往往比较有话语权，如果能获得他们的支持，你会有种如虎添翼的感觉。

因此，如果你发现老员工的工作状态不佳，那么你需要做的事是想办法唤醒他们、激励他们，而不是抱怨他们不行，这恰好是体现你的管理能力的时刻。

首先，你要能够识别，哪些员工工作状态不佳。

你通过观察可以发现，老员工变"老油条"，在行为上的标志就是工作意愿度降低。比如，接受任务时推三阻四，工作时没有激情，得过且过。工作业绩低于团队平均水平，甚至会跟你提出离职。

那么，如何唤醒这些工作状态不佳的老员工呢？

不少管理者喜欢跟老员工讲大道理或者描绘未来蓝图，甚至有些人张口就问我："老师，应该怎样给员工'打鸡血'，才能让他们充满活力？"对于这种方法，我不敢认同，靠"打鸡血"很难起到长期作用，就算短时间有用，时间一长，也会被打回原形。

要想真正从内而外地唤醒老员工，我们可以实施三步激励：

第一步，通过谈话达成对现状的共识，确认对方想要改变的意愿；

第二步，找到老员工工作状态不好的原因，解除阻碍；

第三步，帮助老员工建立长期自我激励的路径。

我们一个一个来说。

先来说第一步，通过谈话达成对现状的共识，确认对方想要改变的意愿。

很多老员工可能根本没有意识到自己是有问题的，如果这时你直接对老员工提要求，让他改这个、改那个，那么他肯定不认同，会本能地找各种借口来辩解，甚至会有很大的抵触情绪。

这时候，你可以与这位老员工进行一次"软硬结合"的谈话。

先来"软"的部分，你要肯定他过往对公司的贡献。比如，你可以这么说："小王，今天我想和你聊一聊你目前工作的事情。你在公司这么多年，对公司的贡献大家都有目共睹。而且你现在是团队里最资深的员工了，很多方面你都起到了榜样和表率的作用。"

肯定完之后，你要抛出你对他业绩的评估，也就是"硬"的部分。可以这么说："小王，我想表达一下我的期待，最近在这几个项目上，无论是销售额还是转化率，我认为你没有达到我对你的预期。所以，今天我想要和你谈一谈，看我有什么可以帮到你的地方。"

听你说了这些，下属可能会对你拿出来的数据表示疑义。没关系，大家就事论事。总之，一定要让他认识到自己表现不佳的客观事实。在这个部分，需要提醒你的是，千万不要直接拿着数据来批评你的下属。一旦你摆出盛气凌人的姿态，而不是愿意帮助他的姿态，下属很容易进入反击模式。这个阶段只是帮助他认识到自己的状态是有些问题的，达成共识就可以了。

接下来是第二步，找到老员工工作状态不好的原因，解除阻碍。

很多管理者看到老员工的工作状态出问题，第一反应就是主观地认为，是对方没有上进心，不思进取、倚老卖老。如果你先入为主地这样分析原因，就无法找到真正的解决方案。因为背后的原因很有可能不是他不想好好工作，或者故意跟你对着干，而是他遇到了业绩阻碍。

你要做的事是先准确定位出这位员工遇到了什么业绩阻碍，再有的放矢地帮他各个击破。

一般来讲，阻碍有三大类，分别是发展类瓶颈、收入类瓶颈和情感类瓶颈。

先说**发展类瓶颈**。

老员工不出业绩，可能是因为发展受阻。比如，团队里只有一个管理者的职位，公司提拔了你，或者把你空降过来了，这就意味着，其他员工的上升空间被堵死了。

我刚上任中层管理者的时候就遇到过这样的问题，怎么办呢？我当时一方面努力和我的上级、甚至公司高层推荐他们，帮他们争取到外部团队的晋升机会；另一方面，我在内部给他们充分授权，让他们比一般的员工高半级，在一定范围内可以指挥调动其他员工。我做了这两件事之后，团队里剩下的几位老员工，也都成了我的左膀右臂，在一两年内迅速获得了晋升。

除了晋升机会，发展瓶颈也可能是老员工自身的能力问题。

公司的外部环境变了，工作任务变了，原本他擅长的技能用不上了。也就是说，他自己的能力遇到了瓶颈，这也会导致他出不了业绩。

在我的职业生涯里，经历过好几次新员工的能力超过老员工的情况。比如，在公司转型线上营销的时候，在旧环境里春风得意的老员工突然被新媒体打得措手不及。他们对线上营销的理解，还不如刚毕业的年轻人。

对于这样的情况，我的解决方法是高低搭配。老员工虽然不适应新的模式，但他们对公司的熟悉度、对业务的理解肯定比新员工更深刻。所以我给每一位老员工配一位新员工，形成一个作战小分队。比如，我当时给一位传统业务出身的老员工，专门搭配了一位从大二就玩转新媒体的毕业生。老员工教新员工品牌传播和客户管理，新员工教老员工如何引流和转化。这一手高低搭配，一下子就把原来的业务给盘活了。

除了发展瓶颈，老员工还可能遇到第二类阻碍——**收入类瓶颈**。

这时候，你作为管理者，要主动来帮他分析，怎样才能尽快实现收入突破？是尽快完成重要项目，通过晋升来提高工资？还是努力完成全年业绩，拿更多的年终奖？

当然也有可能，本来他对收入是满意的，但听说新同事的工资比他高，心生不满。在很多公司，新老员工工资倒挂是很普遍的事情。遇到这样的情况，我建议你及时向公司反映情况，尽快把新老员工的收入拉齐。如果公司不愿意打破薪酬结构，也没关系，可以申请设立入职周年奖。比如，老员工任满三年之后，就能拿到一笔额外的入职周年奖金。这样既没有打破薪酬结构，也能够给老员工有个交代。

说完了发展类瓶颈和收入类瓶颈，最后是**情感类瓶颈**。

比起前两种，情感类更隐蔽，但同样不可以忽视。

比如，有些老员工在公司勤勤恳恳干了三五年，甚至更久的时间，但一直做着幕后的工作，缺少被看见的机会。团队里，大多数表彰和曝光的机会都给了明星员工。

如果是这类阻碍，那么你就要让他们默默无闻的付出"被看见"。这时候我们要学会因人设奖，针对不同员工的特点设置不同的奖项。然后，在类似于公司年会、周年庆这样重大的日子里，给他们发奖，给予充分的认可。我曾经给一位经常给我们提建议的老员工发了一个"诸葛军师奖"，给一位勤勤恳恳工作的老员工发了"披星戴月奖"，给能力强的老员工发了"所向披靡奖"，等等。这就是一种"被看见"。

有的时候，老员工不在状态，也可能只是因为同样的工作干太久了，导致审美疲劳。有个专有名词叫"职业倦怠"，这种情况在职场上非常普遍。

有两个独特的方法可以解决：

◎ 一个叫作"老事情新做法"，就是鼓励这些老员工尝试新的方法，用新的技术完成熟悉的工作。争取能够降低成本、提高效率，还能提高产出。

◎ 另一个叫作"新事情老做法"，就是把团队里开拓创新型的项目交给他们，发挥他们的经验优势，在一些很难拿下的项目上做出突破。

解除了业务阻碍之后，第三步，就是帮助老员工建立长期自我激励的路径。

什么意思呢？唤醒老员工，不是一次性工作，你不可能每次都挨个去激励。作为管理者，你要帮助下属建立一个长期的自我激励的良性循环，这样才能让员工一直保持良好的工作状态。

建立良性循环需要抓住三个要点：

第一，找到老员工擅长的工作或技能，把它放大；

第二，充分发挥老员工的优势，并建立优势与业绩之间的正向反馈；

第三，通过各种表扬，增强正向反馈的效果。

这么说有点抽象，我举个例子，你就知道了。

我的一位下属曾经做了三年的一线销售工作，出现了职业倦怠感，明显感觉工作意愿不如从前。

我当时是怎么做的呢？我发现他比较擅长传授经验，对人才培养也特别感兴趣。于是，我让他帮忙承担"新人培训"的工作，并且说明了理由，是希望让"最好的人教更好的人"。

这位老员工被这个观点给激活了，每次培训的时候都充分准备，把最好的一面展示给新员工。同时，他在辅导新员工的过程中，销售技巧也得到了进一步的提升，他的业绩也得到了很好的提高。

随着他培养的新人越来越多，他的工作获得了公司的通报表彰，晋升也就是自然而然的事情了。

你看，这个自我激励路径就形成了，他的信心被彻底建立起来，对他的职业发展产生了深刻的积极影响。

总　结

如何唤醒老员工，重新激发他们的积极性？

可以分三步走：

第一步，通过谈话达成对现状的共识，确认对方想要改变的意愿；

第二步，找到老员工工作状态不好的原因，解除阻碍；

第三步，帮助老员工建立长期自我激励的路径。

实战练习

在现有团队中，你发现了哪些阻碍老员工出业绩、影响他们状态的事？你打算用今天学到的哪个方案来解决？

第二章

岗位激励

最好的激励应该是激励员工追求自己的目标，顺水推舟，最终达成企业的目标。

在管理心理学中有这样一个观点：企业给员工最大的激励是工作本身。那么，如何用工作本身来激励员工呢？今天我们就进入第二模块：岗位激励——让员工成长有方向。

晋升激励
如何让优秀员工持续向上攀登

为什么有的员工刚入职的时候表现得很积极，工作很出色，但是过了一段时间就开始下滑，甚至有的员工感觉在这里没奔头，从而选择离开。如果你的团队里出现了这种情况，那么作为管理者，我们需要反思一下，有没有帮助员工规划好晋升路径，让他感觉有盼头？

说到晋升，我相信几乎所有的管理者都不陌生，毕竟我们最常用的两个激励方式就是升职和加薪。但是如果晋升没有做好，很可能不仅不能产生激励效果，反而产生负面效果。

我之前辅导的一个企业就遇到这样的情况。

销售部张经理接到公司的通知，让他选拔一位优秀的人才，将其送到总公司进行培训，在培训结束后，要把这个人任命为销售主管，相当于让张经理选了一位储备干部。

张经理领会了公司的意思，决定以员工的业绩作为选拔优秀人才的标准，经过一段时间的观察，他选择了一名新来的员工李某作为晋升培养对象。他认为，这个新员工虽然业绩不是很理想，但平时工作态度认真、踏实肯干，有很大的提升空间。果不其然，一段时间以后，李某的销售业绩显著提升，进了团队前三名。在看到李某的成长后，他就向总公司提交了员工晋升申请表，最终，任命李某为公司销售主管。

任命发出后，公司员工一片哗然，大家都觉得张经理选择晋升李某的做法纯属个人决定，对大家不公平，而且总公司要选拔人才的事，应该公开进行。一石激起千层浪，大家又开始吐槽，从入职到现在，根本就没有人说过晋升路线是什么，应该往哪个方向努力，凭什么一位新来的员工就能直接升到销售主管？大家对这个决定非常抵触，导致公司员工的工作态度变得很消极。

所以你发现了吗？如果晋升做好了，可能会达到激励的效果；但是，如果晋升没做好，就会产生负面效果，最直观的两个表现就是，被升职的员工没办法顺利开展工作；其他员工觉得晋升不公平，开始消极怠工。

我们来分析一下，到底是哪里出了问题？

第一，晋升没有建立一个客观的标准，单凭个人的主观经验和感觉在判断，犯了晋升激励的大忌。

第二，在决定晋升员工前，并没有把这个消息在团队里公布。

第三，更重要的是，这件事情让我们看到了公司深层次的问题，就是没有明确岗位晋升路线，之前大家都一样的时候，可能还不觉得，但是突然有个新员工当上了销售主管，就把这个问题暴露出来了。所以，原因是没有明确的晋升路径。

知道问题出在哪，就很好解决了。想要让晋升产生激励的效果，至少要做到以下三点。

第一，晋升路径要清晰。

每个岗位都有一个清晰的晋升阶梯，有哪些层级，每个层级的要求是什么，不同层级对应什么样的待遇，要一目了然。如图 2-1 所示，我们最常见的销售体系有销售员、销售组长、销售主管、销售经理、销售总监五个层级，每个层级岗位的工资和福利待遇各不相同，员工想要上升到更高的层级，就必须通过层层考核。也就是说，让晋升路径本身成为一种激励，有目标、有想法的员工自然就会往这个方向努力，优秀的员工就不会被限制，也就能留下来了。

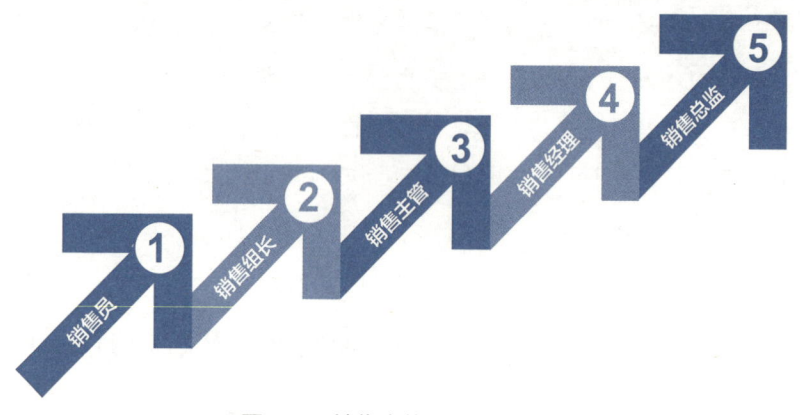

图 2-1 销售岗位员工晋升路径

这个晋升路径我相信很多公司都有，但是大家平时都不提，也不说，如果没有在平时的管理和沟通中把这个路径融入进去，实际上很多员工还是不清楚的。所以管理者千万不要忽视了日常的沟通，比如新员工入职的时候，跟他一起来规划一下自己的发展目标。你可以问他："你希望在咱们公司成长为什么样的员工？""你打算用几年来实现你的目标？""当下你的小目标是什么？"让新员工入职的时候，就把个人目标与岗位晋升相匹配，这样就有了方向。

再比如，员工转岗的时候，你可以帮助他梳理一下发展方向，告诉他在这个职位上需要学习什么新的知识和技能。

另外，在面谈绩效的时候，可以用来鼓励员工往更高级别努力。比如："你看，你现在在技术上已经独当一面了，下一个项目可以多留意一下项目管理的事情，往后可以挑战项目经理。"这些都是规划晋升路径的重要时机。

因此，晋升路径绝对不是放在人力资源部的一个制度或一个组织架构，要把它融入你的日常管理沟通中。

第二，晋升标准要明确。

有了晋升路径，并不意味着员工就可以靠着工作年限自然晋升，也不能因为被领导看重就可以轻易晋升。晋升员工必须要有一套标准，你可以设置四个维度（如图 2-2 所示）来进行考察：第一，价值观是否跟企业匹配；第二，绩效业绩；第三，工作内驱力；第四，专业能力。不同的公司，会有不同的考核标准。

图 2-2 晋升考核的四个维度

为什么要把价值观放在第一位呢？因为一个不认同企业价值观的人，他的能力越强、职位越高，对企业的危害越大；即使个人业务能力再强、业绩再好，也不适合提拔到主管以上的职位。

那么怎么评估一个人的价值观是否跟企业匹配呢？给你推荐一份阿里巴巴的价值观考核表，被称作"六脉神剑"[1]，如表 2-1 所示，可以把员工日常的行为都纳入价值观考核表中。在阿里巴巴，职位越高，价值观的考核占比就越高。

表 2-1　阿里巴巴的价值观考核表

考核项目	评价标准				
客户第一	尊重他人，随时随地维护阿里巴巴的形象	微笑面对投诉和受到的委屈，积极主动地在工作中为客户解决问题	在与客户交流的过程中，即使不是自己的责任，也不推诿	站在客户的立场思考问题，在坚持原则的基础上，最终达到客户和公司都满意	具有超前服务意识，防患于未然
	分值为 1	分值为 2	分值为 3	分值为 4	分值为 5
团队合作	积极融入团队，乐于接受同事的帮助，配合团队完成工作	决策前发表建设性意见，充分参与团队讨论；决策后无论个人是否有异议，必须从言行上完全予以支持	积极主动分享业务知识和经验；主动给予同事必要的帮助；善于利用团队的力量解决问题和困难	善于与不同类型的同事合作，不将个人喜好带入工作，充分体现"对事不对人"的原则	有主人翁意识，积极正面地影响团队，改善团队士气和氛围
	分值为 1	分值为 2	分值为 3	分值为 4	分值为 5

---

[1] 2019 年 9 月 10 日，阿里巴巴在成立 20 周年之际，正式公布"新六脉神剑"：
　◎ 客户第一，员工第二，股东第三
　◎ 因为信任，所以简单
　◎ 唯一不变的是变化
　◎ 今天最好的表现是明天最低的要求
　◎ 此时此刻，非我莫属
　◎ 认真生活，快乐工作

续表

考核项目	评价标准				
拥抱变化	适应公司的日常变化,不抱怨	面对变化,理性对待,充分沟通,诚意配合	对变化产生的困难和挫折,能自我调整,并正面影响和带动同事	在工作中有前瞻意识,建立新方法、新思路	创造变化,并带来绩效突破性的提高
	分值为1	分值为2	分值为3	分值为4	分值为5
诚信	诚实正直,言行一致,不受利益和压力的影响	通过正确的渠道和流程,准确表达自己的观点;表达批评意见的同时能提出相应的建议,直言"有"讳	不传播未经证实的消息,不在背后不负责任地议论事和人,并能正面引导舆论	勇于承认错误,敢于承担责任;客观反映问题,对损害公司利益的不诚信行为严厉制止	能持续一贯地执行以上标准
	分值为1	分值为2	分值为3	分值为4	分值为5
激情	喜欢自己的工作,认同阿里巴巴的企业文化	热爱阿里巴巴,顾全大局,不计较个人得失	以积极乐观的心态面对日常工作,不断自我激励,努力提升业绩	碰到困难和挫折的时候永不放弃,不断寻求突破,并获得成功	不断设定更高的目标,今天最好的表现是明天最低的要求
	分值为1	分值为2	分值为3	分值为4	分值为5
敬业	上班时间只做与工作有关的事情;没有因工作失职而造成的重复错误	今天的事不推到明天做,遵循必要的工作流程	持续学习,自我完善,做事情充分体现以结果为导向	能根据轻重缓急来正确安排工作优先级,做正确的事	遵循但不拘泥于工作流程,化繁为简,用较小的投入获得较大的工作成果
	分值为1	分值为2	分值为3	分值为4	分值为5

制定好价值观考核标准之后,再考虑绩效业绩、工作内驱力、专业能力等这些标准的制定。

标准确定好以后,还要进行培训和宣贯,让老员工和新员工都知道自己需要达到什么标准才能得到晋升,晋升有评估,评估有标准,这样才能够摆脱暗箱操作的嫌疑。

第三,任命之后要培养。

这一步最为重要,很多管理者都觉得,晋升之后就完成任务了,简单祝贺一下,嘱咐两句,剩下就靠他自己了。但实际上,对于一个刚刚被提拔到新岗位上的人,还需要你扶上马,再送一程。

以前我也觉得任命这件事不是件大事。但随着接触的企业越来越多,我发现很多管理者在工作中遇到的问题,追根溯源都是上级当年任命的时候做错了事情。那么,任命中最容易做错的事情是什么,一个好的任命到底应该是怎样的?

我们来思考这样一个场景。你要提拔一位下属,有两种话术,一种是:

小张,干得不错,以后你就是部门负责人了,但我希望你注意啊,你这个人在……地方不足,你要加强这方面的能力,要不然会影响你的发展。

另一种是:

小张,干得不错,我知道当部长对你来说是个挑战,但我要提醒你,尽全力继续发挥……方面的优势。

请问,你会选择哪种话术呢?

我曾经辅导过这样一家公司,CEO 提拔了一名得力干将,让其负责海外业务。他对这个干将说:"你的优点我就不多夸了,但我要提醒你,以后,你要好好提升一下学习能力,尤其是英文。你还得想想怎么加强策略思考能力。"

你看，这就是第一种话术。这位得力干将是那种擅长带队伍的人，很有领导力，很受团队的尊重。

但是人无完人，他的缺点也非常明显。他对文字不敏感，也不爱看书。你要是让他收集数据资料，分析行业的策略，写报告，那简直比登天还难。

结果，被领导这么提醒之后，这位新晋的干将开始非常努力地看书，收集行业信息，还请了外教教他英文。可半年过去了，结果不太理想。虽然他管理团队一如既往地好，但首先，他活得特别累，没有之前那种干劲了。其次，英文仍然很一般，海外的扩张策略做得也不理想。他特别纠结，形容自己像一个两米多的壮汉在学绣花，甚至出现了打退堂鼓的想法。

问题出在哪里呢？就出在任命时的沟通。

一个好的任命不光是简单地鼓励一下，然后告诉他新的责任和挑战，还应该包括更重要的一项，那就是，帮助他明确发展方向，清楚地找到自己的定位，找到自己能够发挥最大价值的地方，在优势上额外地进行投入。

所以任命是一个特别好的机会，它天然地有种仪式感，能调动起人的情绪，所以管理者应该利用这次机会，引导下属想清楚自己如何发展。这是被很多人所忽视的事。

那么管理者在晋升下属的时候，应该做哪些事呢？我觉得有以下三件事特别重要。

第一件事，帮助下属看到自己的优势，看到自己最为擅长、最为高效的工作方式。比如，有的下属对人很敏感，有很强的同理心，沟通能力强；有的下属对事很敏感，能准确判断事情的本质，分析能力强。这两种下属都可以带好团队，关键要发挥他们的优势来带团队，才能让下属在新岗位上快速取得成绩。

第二件事，要时刻提醒下属注意"三七原则"。什么意思？扬长避短这个道理大家都懂，但工作起来马上就会忘。所以你要经常提醒他，要保证60%~70%的时间是用自己擅长的工作方式在工作，否则他就是在浪费自己的天赋，而且不会做得很成功。这就是"三七原则"，它能够保证一个人在工作上用对了自己。

第三件事，要帮助下属在弱点上打造支持系统。比如，在前面这个案例中的得力干将，他不擅长分析策略，但他擅长识人，那么他就可以请团队中的另一位伙伴来帮他进行策略分析。让他们形成一种榫卯结构，在他的弱点上给予支持。

请注意，帮助下属在新的岗位上成功是你的责任，支持系统是其中非常关键的一环。而这个支持系统的目的，并不是促进他改善弱点，而是管理弱点，用最小的成本不让它造成伤害。这样，被任命的人就可以放心大胆地发挥天赋进行工作，他才能为组织创造最大的价值，也能够成为更好的自己。

总 结

晋升是常用的激励方式之一，用好晋升机制，可以让员工自动自发地向上攀爬，激发他们内心的动力，你的管理就会轻松很多。

晋升要注意以下三点：

第一，晋升路径要清晰；

第二，晋升标准要明确；

第三，任命之后要培养。这一点是最容易被忽略，也是最重要的一点。

好的任命要做好以下三件事情：

第一件事，帮助下属看到自己的优势，看到自己最为擅长、最为高效的工作方式；

第二件事，要时刻提醒下属注意"三七原则"，要保证下属有60%~70%的时间是用自己擅长的工作方式在工作；

第三件事，要帮助下属在弱点上打造支持系统。

实战练习

梳理一下你的团队的晋升路径和晋升标准有哪些。找到一位核心员工，帮他规划一下他的晋升路径。

多阶梯晋升激励
如何满足员工的多样化发展需求

职场中大部分人都想向上晋升,而管理岗位是有限的,供不应求。优秀的新员工成长起来了,老员工还在那个岗位上干得风生水起,新员工一看没机会,就开始"朝三暮四"了。或者同一批员工里面有好几位优秀的人,只有一个人能升职,那么其他几位心里不服气,就容易跳槽离开,这样的事情在企业中非常常见,下面我举一个例子。

我之前辅导过一个企业,技术工程师占了公司总人数的60%,但管理岗位上正职、副职加起来一共就那么几个人。老部长动不了,因为上面没空间,新部长没办法提拔,位子没有空出来,而且一拨十几个人,都是差不多同时进入公司的,能力旗鼓相当,都是核心骨干,提拔了谁都可能会影响团队稳定。公司只好按兵不动,维持现状。

公司刚开始创立那几年还感受不到这个问题,后面几年这个矛盾就逐渐浮出水面了,团队管理僵化,很多优秀的员工觉得晋升无望,刚开始的热情拖着拖着就拖没了,遇到好的机会也就离开了。

对公司来讲,培养一位成熟的技术人员需要三到五年,这个损失太大了,于是董事长找到我,希望我能够帮他们解决这个问题。

其实这个问题的核心就在于晋升路径太单一,大家职业发展的选择太少,空间太小。

长此以往,可能会出现下面两种情况。

一种情况是"狼多肉少",职位供不应求。一个人被晋升,同级别的人看不到希望就会离开。公司用心培养了几年的人才,如果因为没有发展空间而选择离开,那么对于很多公司来说,这都是巨大的损失。

另一种情况是,一位员工做业务非常优秀,因为业绩突出或者技术能力强,被提拔为管理者,但是管理却不是他感兴趣的,也不是他擅长的事。所以,他把团队带得一团糟,不仅大家怨声载道,之前做具体业务时的那种成就感也一扫而空,自己很有挫败感。

我们需要多阶梯晋升通道,就是给员工提供多条平等的晋升路径:你业务能力强,那你就走业务晋升路径;他管理能力强,那他就走管理晋升路径。就像两个并排的梯子一样,大家可以在各自的晋升路径里一起努力,一起向更高的层级攀爬。这样,员工就可以根据个人的发展意向,选择适合自己的晋升路径,最终实现百花齐放的效果。

具体应该怎样设置呢?多阶梯的晋升路径相对单阶梯的晋升路径会稍微复杂一些,具体有如下三个步骤。

第一步,根据企业发展运营的需要,确定企业应该有哪几种晋升路径。

比如,阿里巴巴采用双序列职业发展体系——P 序列和 M 序列,P 序列指的是技术晋升路径,M 序列指的是管理晋升路径。P 序列包括程序员、工程师等某一个专业领域的人才,一共分为 14 级,从 P1 到 P14。M 序列,也就是管理者路线,是从 M1 到 M10。

这两条路径的对应关系如表2-2所示，大家都从初级工程师干起，到中级工程师，再往上你就有了选择空间，可以继续往高级工程师、专家、资深专家发展，也可以选择往主管、经理、总监发展。

表2-2　阿里巴巴双序列职业发展体系

层级	层级名称	层级	层级名称
		M10	董事长（Chairman）
P14	资深科学家	M9	副董事长（Vice Chairman）
P13	科学家	M8	执行副总裁（EVP）
P12	资深研究员	M7	资深副总裁（Sr.VP）
P11	高级研究员	M6	副总裁（VP）
P10	研究员	M5	资深总监
P9	资深专家	M4	总监
P8	高级专家	M3	资深经理
P7	专家	M2	经理
P6	高级工程师	M1	主管
P5	中级工程师		
P4	初级工程师		

你可以依照这个思路，再结合自己公司的业务特点设计晋升路径，下面举一个例子。

我辅导了一家少儿培训的教育机构，他们有负责上课的老师，有负责业务的销售，还有教务等管理岗位的人员，于是就设计了3个序列（如表2-3所示）：T序列，指的是Teacher（老师）；M序列，指的是Manager（管理）；S序列，指的是Sale（销售）。比如，对于T序列，设置了实习讲师、高级讲师、金牌讲师、首席讲师，共4个级别，而且每个级别又分了3档。这样，作为一位老师在这家企业可以晋升的路径足够长，这样才能留得住优秀的老师，而老师是这家机构的核心人才。

表2-3 某少儿培训机构职业发展体系

层级	层级名称	层级	层级名称	层级	层级名称
		M1	总校校长		
T1	首席讲师	M2	总校副校长	S1	销售总监
T2	金牌讲师 1 档	M3	区域总监	S2	销售经理
T3	金牌讲师 2 档	M4	分校校长	S3	销售主管
T4	金牌讲师 3 档	M5	行政主管	S4	销售组长
T5	高级讲师 1 档	M6	教务主管	S5	课程销售 1 档
T6	高级讲师 2 档	M7	教务专员	S6	课程销售 2 档
T7	高级讲师 3 档	M8	前台教务	S7	课程销售 3 档
T8	实习讲师	M9	实习教务	S8	实习销售

第二步，参照单阶梯路径的内容制定晋升标准，比如价值观的匹配度、绩效业绩、工作内驱力、专业能力，等等。在这里提醒一下你，当你制定好晋升标准后，将现有员工的能力水平放入这个体系中，看看优秀员工是否在相对较高的级别，以检测标准是否合理，这是最简单有效的方式。

第三步，也是非常重要的一步，设置每个级别的工资和薪酬待遇。这样可以帮助你解决一个大问题，就是每年员工要不要加薪、加多少的问题。很多管理者面对员工的加薪申请，只是凭感觉拍脑袋来做决定，很难做到一碗水端平，那是因为你没有晋升级别和薪酬标准。当你有了这个标准之后，员工申请加薪，只需要对号入座即可。而对于员工来说，他们也知道自己需要做到什么程度就可以晋级，会很有安全感，而不是在心中鼓足无数次勇气去找老板谈涨薪或晋升，从而大大减少了情绪的内耗。

最后，我强调一下，在多阶梯晋升的过程中，需要注意以下三点。

第一，多阶梯晋升激励的前提是员工的个人兴趣和个人意愿，因此，在晋升之前需要跟员工进行充分的沟通，确认其发展路径，不符合员工意愿的晋升，是达不到激励效果的。

第二，要确保各个路径体系是基本平等的，不能明显侧重于管理岗位员工，也不能侧重于技术岗位员工或者其他岗位员工，因为企业的发展离不开多个岗位的通力配合，不能在设计晋升路径的时候，就已经把不同的体系分出了三六九等。

第三，当员工出现不同序列之间的转换时，需要你更多的关注。如果管理者发现员工不适应新岗位，就要及时找员工谈话，了解员工不适应新岗位的原因，帮助他解决相关的疑惑，目的是让员工能够以最佳的状态工作。

如果员工确实不能适应新岗位，还可以让员工选择调换岗位，比如某些员工在选择管理岗后，发现自己还是比较擅长技术，则可以对员工进行同级岗位调换，这种方式等于为员工和企业双方多提供了一种选择。更重要的是，员工始终在用自己最擅长的方式工作，创造最好的业绩。

为了防止调换岗位后员工不适应，管理者可以跟员工协商，以挂职锻炼的名义让技术型员工从事管理工作，工作周期以半年为佳，在这期间考查员工的工作能力和适应状况，再正式调换岗位。

传统的单阶梯晋升，让员工成为既要会管理又要懂技术的全能员工，虽然这对提升员工的综合素质来说有重要的意义，但多阶梯晋升可以实现员工的"专才专用"，相比传统的单阶梯晋升更具优势。

多阶梯晋升激励可以使人才获得更大的成就感，对于没有管理兴趣和管理能力的人来说，多阶梯晋升激励可以为他们提供更为广阔的发展空间和更具特色的职业选择，从而实现激励的效果。而对于企业来说，这不仅适用于大企业，也适用于小企业，关键是多阶梯晋升激励可以帮助你留住核心人才，释放优秀员工的潜力，这是双赢的结果。

总　结

如何通过多阶梯晋升激励来满足员工的多样化发展需求？

第一步，根据企业发展运营的需要，确定企业应该有哪几种晋升路径；

第二步，参照单阶梯路径的内容制定晋升标准，比如价值观的匹配度、绩效业绩、工作内驱力、专业能力，等等；

第三步，设置每个级别的工资和薪酬待遇。

实战练习

你的团队有多阶梯晋升路径吗？如果还没有，可以先设计一个初步的方案，在实践中不断完善。

破格晋升激励
怎样留住杰出贡献的优秀员工

单阶梯的晋升激励和多阶梯的晋升激励基本上能满足我们的常规晋升需求,但你一定有经验,在你限定的这个晋升框架里,总会有出格的事情发生,比如突出的人才、突发的状况、突然产生的机遇等。这时候,我们应该如何应对这些情况呢?如果常规的晋升路径无法满足这些情况,你就需要破格晋升或者破格提拔人才。

下面举一个例子。

我曾经辅导过一个企业,该企业销售团队的销售副经理因病离职,于是总经理决定要提拔一名员工把这个空缺补上。在他们公司,销售员的晋升路径应该是"销售员—销售组长—销售主管—销售副经理—销售经理",按照正常的晋升路径,公司应该从两位销售主管中,选择一位晋升为销售副经理。总经理和销售经理在商量相关人选时出现了分歧,销售经理认为这两位主管在公司干了很多年,工作能力和工作态度都非常优秀,从这两人中选一个就可以了。

但是,总经理却有着不同的见解。他认为销售型团队应该更注重个人能力,他特别看好刚来公司一年多的销售组长赵某。他认为赵某工作态度非常端正,业务能力极强,已经连续十几个月都是销售冠军,他的个人业绩超过了团队平均业绩的 1.5 倍,并且多次完成了大客户订单,扩展了公司的销售渠道。总经理认为他是不可多得的人才。

经过几次探讨之后,最终决定让赵某任销售副经理一职。这个决定公布以后,两位销售主管就不愿意了,主动找到销售经理和总经理谈话,说对于公司的决定不能接受,觉得公司行事有失公允,制度放在那就是个摆设。经过几次谈话后,一位销售主管选择离职,而且还带走了几位员工,导致团队的优秀人员流失,公司的客户资源和业绩因此都遭受了损失。

他们跟我讲述这件事的时候,我能理解他们做这个决定的初衷,是希望让真正优秀的人得到施展的舞台。同时,也不希望晋升变成论资排辈。

这个初衷是对的,但破格晋升就像排兵布阵里面的兵行险招,如果用得好,就可以出奇制胜,达到激励的效果;如果没用好,用砸了,就可能满盘皆输。

我们究竟应该怎么做呢?首先,我们来了解一下什么是破格晋升。

所谓破格,就是打破常规的用人和提拔的方式,给那些本来没有资格或者资历的人提拔和晋升的机会。

什么情况下我们需要用到破格晋升?

一般是在一些特殊时期,比如在公司创业初期和开拓新市场、开展新项目的时期。

公司处于创业初期时,一般都需要大量的人才,这个时候只要某个人某方面的才华能够满足公司需要,那么就可以快速提拔。因为在这个阶段，主要目标是取得业绩，活下来。

此外，就是公司需要开拓新市场或者发展新项目的时候，一般在这种情况下，之前的老员工都有自己的一亩三分地，过得挺舒服，他们往往不愿意放弃现有的利益，去新领域尝试。这个时候，就是职场新人冒头的机会，可以越级提拔一些优秀的新人。

那么，什么样的人可以破格晋升呢？

第一种，毫无疑问，就是能打胜仗，拿到结果的人。

绩效贡献大，这是获得破格晋升最基本的前提条件。

任正非在一次区域总裁会上讲到，在干部的使用上，目的是使作战取得胜利，除了胜利，没有其他目的。凭什么攻下"上甘岭"的人不能当连长？我们以前说，要用会带兵的人，这次任正非亲自下令并监督执行把人力资源提纲中"会带兵的人"改掉。山头都已被他攻下，还说他不会带兵？不会带兵，给他派一个"赵刚"去。

也就是说，在打胜仗和带团队之间，他们更重视打胜仗，如果确实不会带团队，可以给他配一位搭档，帮助他，足以看出华为对"英雄"的重视。

第二种，与公司倡导的价值观高度一致的人。

很多管理者问我，我们公司有价值观，但是这个东西总是感觉很虚，怎么把它做实，我的回答就是，当你的团队中有人做出符合公司倡导价值观的行为时，鼓励它，放大它，强化它。让无形的价值观变成有形的行为、有形的故事，这样，价值观才能真正被理解、被传播、被效仿。

比如，你们公司有一条价值观是"时刻保持创业心态"，而你手下有两位员工，一位员工非常具有开创精神，时刻保持危机意识，做事情努力拼搏；另一位员工偏向于守成和维稳。如果要破格晋升的话，你会选谁呢？

第三种，入职 1~3 年的新人。

在华为，领导会特别关注入职 1~3 年的优秀员工，并给予优秀员工破格提拔的机会。

任正非在一次新员工座谈会上讲到，华为公司的体制没有限制人才，这次破格提拔的对象很多都是入职 1~3 年的优秀员工，我们最重视员工第一次调整工资，特别是做出成绩的优秀员工，希望将其工资一次调整到位。

而当优秀员工成长达到 17~18 级后，我们高层就不再管他的破土涌现、破格提拔了，他应该完全跟着正常体制去贡献、接受考核。

因为优秀员工在最基层的时候容易受气，优秀员工在基层时的领导并不是将军，不一定能慧眼识英雄，所以你首先要在这个环境中生存下来。如果你在第一个环境中生存不下来，换第二个环境、第三个环境、第四个环境……那么你的青春就全浪费了。还不如用刀子把"脚"削一削，适合这双"鞋"，穿上"鞋"跑快一点，就跑出那个圈了。

任正非的这番话非常值得深思，这也是为什么华为人才不断涌现的原因，这些优秀的新人就像一条条鲶鱼一样，让管理团队始终保持活力和危机感，同时也能把特别优秀的人才留住。

了解了什么情况下需要破格晋升,什么样的人才可以破格晋升,我们再来看看具体应该怎么操作。

第一,确定破格晋升的标准。

实行破格晋升的前提是必须要建立一套严格的标准,千万不能凭个人喜好拍脑袋决定。有标准作为晋升依据,就可以让未被破格晋升的员工"无话可说"。

比如,晋升标准要求业绩达到 10 万元,某员工业绩为 9 万元,而另一位员工业绩达到了 15 万元,远远超过了设定的标准,破格晋升谁,一目了然,而且让其他员工"无话可说"。

破格晋升的人才大都是越级晋升,因此,这个标准要高,这样才可以让所有员工心服口服。

第二,候选人要公示和考核。

我们在晋升之前,管理者应该找目标候选人谈话,看看他自己是否有升职的愿望,不排除有些员工只想搞好自己的业绩,并不想升任更高的职位,承担更大的责任。如果对方也有这个意愿,那么相互确认意向后,其才能成为候选人。

候选人的信息要进行公示,必须做到公开透明,这样可以给候选人一些压力,激励他努力工作。同时,如果员工达到了晋升标准,就可以堵住未被破格晋升员工的悠悠之口。

此外,应对想要破格晋升的员工进行考核,考核时间依据岗位特性不同而长短不同,一般为 1~6 个月不等。在员工考核期间,管理者必须要做好监管工作,防止员工为了晋升而采取一些违背公司原则的手段，必须确保员工的业绩是靠自身的能力做出来的。

第三，执行晋升。

考核期结束后，管理者要对候选人在考核期间的表现进行评分。如果候选人评分过低，达不到考核标准，那么管理者应给予员工鼓励，让他不要放弃，告诉他以后还有晋升机会；如果员工评分达到考核标准，则管理者应在全体员工面前公示该员工的相关考核数据，以确保其他员工的知情权。公示结束后，就可以依据空缺岗位的需要，正式对员工进行晋升。

候选人信息公示、考核标准公示和考核结果公示，这三个公示缺一不可，这样才能保证激励过程的公开性。只有这样做，才能让员工相信破格晋升不存在暗箱操作，避免员工的不满情绪。

第四，要做好善后工作。

对于成功晋升的员工，你依然需要扶上马送一程，帮助他在新的岗位上站稳脚跟。

当然还有一个很重要的工作就是，安抚落选员工。我们看看任正非是如何安抚落选员工的。

任正非说，培训与选拔都不一定是准确的，一时的落选，别灰心。在古时候，如果没有这么多科举落第的弟子，就不能留下这么多好诗。

没有落第的张继，就不会有"姑苏城外寒山寺，夜半钟声到客船"；没有落第的王勃，就不会有《滕王阁序》；没有被贬的范仲淹，就不会有"先天下之忧而忧，后天下之乐而乐"的名句。所以啊，别计较，在实践当中去努力。

因此，在华为内部，大家会把能上能下看作正常现象，不计较当下，但在当下努力奋斗。

破格晋升激励法作为晋升激励法中的一种特殊方法，在使用时必须要特别注意，如果这个激励法用得好，就能让你事半功倍，让员工找到自己的岗位，提升团队战斗力；当然，如果这个方法没用好，就会让你事倍功半，使得团队成员之间勾心斗角，出现排挤优秀员工的现象。

总　结

如何通过破格晋升激励、留住杰出贡献的优秀员工？

第一，什么情况下我们需要用到破格晋升？

一般是在一些特殊时期，比如在公司创业初期和开拓新市场、开展新项目的时期。

第二，什么样的人可以破格晋升？

- ◎ 能打胜仗，拿到结果的人；
- ◎ 与公司倡导的价值观高度一致的人；
- ◎ 入职 1~3 年的新人。

第三，破格晋升具体应该怎么操作？

◎ 确定破格晋升的标准;

◎ 候选人要公示和考核;

◎ 执行晋升;

◎ 要做好善后工作。

实战练习

在你的团队中,破格晋升应该设立怎样的标准,有哪些人达到了破格晋升的标准?

轮岗激励
怎么让员工成为一专多能的帅才

如果你问企业家:"未来十年最大的挑战是什么?"恐怕十有八九的企业家都会回答,是领导人才和接班人的培养。因为企业想要长久地兴盛,有两个关键,一是接班人,二是企业转型。

我们判断一位企业家是否伟大的标准,绝不仅仅是看他在任时公司的业绩,更重要的是看他离任后公司的发展。

下面举一个例子。

我曾经服务的一家咨询企业,公司成立20多年,董事长想要退居二线,可是在思考接班人的时候,陷入了困境,解决方法有两种。

第一种方法是,在现有的老将中选择一位继任,但有两个问题。第一个问题是能不能胜任。大家这么多年来都在各自领域发展,负责的内容是某一方面的业务,现在要负责公司全局,不知道能力是否胜任,能不能接得住这个大盘。即便能接得住,还有第二个问题,就是能不能服众。如果其他人因为自己没被选中而感到不服气,那么造成核心高管离职就更麻烦了。

第二种方法是,招聘一位专业的职业经理人来管理公司,很多大公司也都是这么做的。但这种空降兵更让人心里"打鼓",不仅担心他的能力,更担心老将的"反弹",可能会引起更大的矛盾。

这两种情况都不是他想看到的。

我相信这位董事长的困惑，很多企业都有，那究竟应该怎么办呢？

其实出现这样的两难困境，主要原因是没有提前考虑管理梯队的建设，多少有些临时抱佛脚的意思，如果我们把管理人才的培养进行前置，到真正用人的时候，就不会无人可用了。

怎样进行前置培养呢？方法就是轮岗激励，为企业培养一专多能的帅才。

比如，华为采用轮值CEO制度。华为是公认在国内"首创"轮值制度的公司，由八位领导轮流执政，每人半年。轮值CEO作为企业最高行政首长，由内部产生，短期任职，轮流坐庄。

这样的轮值CEO制度，有哪些好处呢？

我认为第一个好处就是，赛马不相马。轮值CEO的最大作用就是让每位候选人能够各显其能，在这个过程中锻炼能力，逐步成长为公司的领袖。所以，公司未来的领袖，不是被任命，而是伴随着轮值CEO制度，自然成长起来的。

第二个好处是减少矛盾。无论指定哪个人接班，似乎都难以服众，所以不如让每个高管都有表现的机会，大家拿成绩说话，同时轮流坐庄、角色互换，大家会因此而变得相互理解、相互支持，减少对立矛盾。

第三个好处是及时纠偏。如果一位CEO走偏了，那么下一轮的轮值CEO可以及时纠正航线。

当然，在轮值 CEO 制度之下，公司的试错空间依然是存在的，任正非依然是最后一堵墙，因为任正非有华为董事会授予的一票否决权，如果轮值 CEO 出现重大的决策失误，那么任正非就可以行使这样的否决权，但是截至 2023 年他还没有使用过这一特权。

近几年，这种轮值制度被越来越多的公司所采用，除了华为，还有阿里巴巴、京东、德邦等公司，可见这种制度具有一定的普适性，轮值 CEO 制度对于培养未来接班人有很大的帮助，对于有一定规模的企业，尤其是民营企业，这可能是一个减轻老板压力、锻炼管理团队、平衡团队成员之间利益关系的一个很好的模式。

当然，不仅 CEO 可以轮值，员工和管理层也可以通过轮岗激励，让员工成为一专多才的骨干。

比如，阿里巴巴一直有内部轮岗制度，员工可以主动申请轮岗。在本岗位工作满两年的员工，可以向主管提出转岗申请，只要主管和对方部门的主管同意，就可以转过去；在本岗位工作满五年的员工或管理人员，只要对方部门愿意接收，就可以直接转岗，无须取得上级主管的同意。

在阿里巴巴内部，一位管理人员想获得晋升，必须具备两点：一是接班人计划完成很好，二是具有轮岗经历。

轮岗对员工有什么好处呢？

第一，缓解员工的职业倦怠感。

第二，使员工开拓视野、积累人脉资源、发现自己真正的兴趣与能力所在、锻炼多方面的能力、积累多方面的经验，从而拓宽员工的职业宽度，提高升迁的可能性。

比如，阿里巴巴"十八罗汉"之一的彭蕾原本是一名教师，在HR领域没有任何经验，可是通过不断地学习，她成为一名HR专家，一路做到首席人才官，接着又跨界做蚂蚁金服的CEO，这样的轮岗经历使她对整个集团的经营、文化有了非常深入的认识和理解，从而成为业界赫赫有名的女企业家。

那么，轮岗对公司有什么好处呢？

第一，有利于培养复合型接班人；

第二，有利于使团队保持活力。

究竟如何才能做好轮岗激励呢？我们需要分五步进行。

第一步，做好员工沟通。在实施轮岗激励法前，管理者需要跟员工进行谈话，给员工介绍轮岗的岗位职责和岗位特点，这样可以让员工了解岗位的真实情况，再由员工自主选择是否轮岗；如果员工不愿轮岗，那么管理者也不要强求。

第二步，针对员工制订一份轮岗工作计划，主要包括以下三个方面。

（1）明确员工的轮岗目的。

主要从两个角度出发：第一，对企业来说，轮岗的目的是什么？第二，对员工来说，轮岗的目的又是什么？以终为始，才能在轮岗过程中，围绕目标，有重点地安排工作和学习计划。

（2）确定轮岗的时间。

一般建议为3~12个月。因为轮岗是一个锻炼员工、培养员工的过程，最终的目的是让员工回到本职岗位后，能够更加努力地工作。

因此，时间不宜太长。但是，如果在很短的时间内，员工频繁轮岗，一方面可能达不到熟悉岗位所有内容的目的，另一方面也会对员工心理造成影响，让员工带着顾虑去工作，反倒不能激发员工的工作热情。

（3）制作岗位交接清单，包括工作事项清单、工作进度清单、工作物品清单等。

做到这三点，这份轮岗工作计划才算完整。

第三步，进行轮岗前培训。

轮换岗位意味着工作内容、工作强度、工作方法都跟以前不一样，如果不对相关人员进行培训，直接进行轮岗指派，或者直接安排到一位老师傅名下进行师傅带徒弟，就可能会出现沟通不畅、业绩下滑、效率低的现象。而对员工进行轮岗前培训可以大大减少员工对于新岗位的不适应感，帮助他们尽快地投入新的工作中。

第四步，执行轮岗。

首先，轮岗员工与原岗位员工要在第三方的监督下交接工作，防止轮岗工作结束后，交接工作时出现权责不清的状况，接手者要对工作进度有完全清晰的了解。

其次，管理者需要观察员工的工作状态，如果发现员工在轮岗期间出现不适应的情况，要及时提供帮助，也可以安排一些有经验的员工来帮助他，确保员工可以平稳地过渡到新岗位。对于某些经过帮扶仍然无法适应轮岗的员工，经过多方确认后，可以由员工申请调回原岗位。

第五步，轮岗工作总结。

轮岗期结束后，员工要写一份工作总结，总结主要从个人体会和工作能力两个方面来撰写。

如果在轮岗结束后，员工的整个轮岗总结都比较平淡，作为管理者就要反查轮岗制度和轮岗工作计划的有效性，以便在修正后进行下一轮的轮岗。

轮岗虽然对员工和企业有多方面的价值，但作为一种管理措施，是需要付出相应成本的，其中包括员工的培训成本、管理者的时间成本，以及员工到新岗位后由于效率降低而产生的成本，甚至有时企业还要承担业绩下降的风险。因此，管理者务必要对轮岗的范围准确界定：是只在管理层实施，还是选择核心岗位、核心人才来实施？不同的选择产生的价值不同，企业付出的成本也不同。

当然，轮岗不仅可以达到激励人才、留住人才的目的，还可以让员工拥有更多锻炼的机会，培养全能型人才，对于丰富员工的职业生涯有重要的作用。

同时轮岗是一种隐性培养人才的方式，通过轮岗工作，可以激发员工的潜能，提升员工的团队归属感，有利于管理者准确用人。

另外，对于某些不能从市面上招聘到的员工，轮岗也可以降低团队的招聘成本，相比从外部招聘员工而言，内部培养员工和晋升员工，会节省巨大的人力成本和时间成本。

总　结

如何通过轮岗激励，将员工培养成为一专多能的帅才？

轮值 CEO 制度有哪些好处？

◎ 赛马不相马；

◎ 减少矛盾；

◎ 及时纠偏。

轮岗对员工有什么好处？

◎ 缓解员工的职业倦怠感；

◎ 使员工开拓视野、积累人脉资源、发现自己真正的兴趣与能力所在、锻炼多方面的能力、积累多方面的经验，从而拓宽员工的职业宽度，提高升迁的可能性。

轮岗对公司有什么好处？

◎ 有利于培养复合型接班人；

◎ 有利于使团队保持活力。

如何做好轮岗激励？需要分五步进行：

第一步，要做好员工沟通；

第二步，针对员工制定一份轮岗工作计划，包括明确员工的轮岗目的、确定轮岗的时间、制作岗位交接清单；

第三步，进行轮岗前培训；

第四步，执行轮岗；

第五步，轮岗工作总结。

实战练习

你的企业有哪些岗位适合做轮岗激励？可以根据你的实际需求来设计一份内部轮岗计划。

岗位任期激励
如何在企业内部建立能上能下的干部管理机制

我在与很多企业高管沟通的时候，每次提到咱们公司要建立"能上能下"的干部管理机制，他们都会拼命点头，表示高度的共鸣，好像被人说中了痛点的感觉。"对对对，我们现在就是上去容易下来难啊，罢免他吧，又觉得面子上过不去。有没有什么办法，可以让'能上能下、能进能出'的机制真正地运转起来呢？"

的确，在很多企业中，对管理层的任命和管理都存在很多问题，比如：

- 没有任期的概念，只要不出大问题，基本上是可以一直干下去的；
- 没有契约，在这个岗位上，到底要完成什么样的任务、实现什么样的目标，都没有明确的契约要求。

正因为存在这些问题，我们也就理解了这些企业老板和高管的抱怨。

那么，解决方案是什么呢？就是实行任期制和契约化的管理。

这种激励方式主要针对中高层管理者，是以固定任期和契约关系为基础，根据约定开展年度和任期考核，同时根据考核结果兑现薪酬，并确定是否继续聘任的管理方式。

这个概念听起来有点复杂，其实翻译一下就是，上任之后，你需要在多长时间内达到什么样的目标，如果实现了，就可以连任或者升职，如果没有实现，就得从这个岗位上下来。

岗位任期的激励一定要在员工上岗之前，通过明确员工的任职时间来对岗位责任加以约束，在有限的时间内激发员工的工作热情。这样的激励方法可以确保员工在最佳能力期保持最佳的工作状态，从而获得最佳的激励效果。

具体需要怎么做呢？整个实施过程我们可以总结为"六定"，如图2-3所示。

定岗位 01 确定管理层的岗位任职要求和职责
定权责 02 确定管理层的权责清单
定考核 03 确定管理层年度和任期考核要求
定薪酬 04 确定管理层的薪酬结构
定退出机制 05 制定管理层退出岗位的机制
定契约 06 管理层上任之前需要与企业签订相关协议

图2-3 岗位任期制"六定"

（1）定岗位：确定管理层的岗位任职要求和职责。

（2）定权责：确定管理层的权责清单。

有哪些权利可以赋予，比如团队成员的招聘权、薪酬的管理权、业绩的考核权、财务审批权等是否赋予管理者，都需要明确具体的边界。同时，有哪些责任需要承担，比如完成项目，完成年度目标，等等，这些是需要管理者承担的责任。权利和责任是对应的，责任越大，应该赋予的权利就越大。

（3）定考核：确定管理层年度和任期考核要求。

考核指标如何设定，这是关键所在，也是难点所在。考核指标的设定需要区分年度考核和任期考核。

任期考核属于中长期规划，更加关注三年发展目标、业务模式、团队人才培养、梯队建设、是否有培养继任者等软性指标。

而年度考核指标更关注硬性指标，比如，公司营收、净利润、新签合同额、应收账款，还有重点任务完成情况，等等。这些是需要实实在在地去一个个制定考核指标的。

在具体执行过程中，考核目标值如何来设定呢？

可以分成三档：第一档是门槛值，是必须要保证和实现的；第二档是目标值，是在正常的状况下要达到的；第三档是挑战值，是需要全力以赴去实现的。

考核指标的确定，为将来能上能下提供了重要依据。

（4）定薪酬：确定管理层的薪酬结构。

职责和目标确定之后，如何让薪酬与之相匹配，这是一个非常关键的问题。

一般来说，确定薪酬有以下两种方式。

第一种方式是内部对标，在公司内部过往的薪酬历史数据基础上，结合上年度的完成情况进行相应的微调，这种方式的优势是，相对来说比较平稳，但劣势是会导致薪酬差距不能合理体现，另外也可能会导致薪酬竞争力不足。

第二种方式是通过外部对标,结合外部市场的薪酬状况,采用市场化的薪酬策略。

这是定薪酬的两种核心思路,但是具体选择哪种思路,或者是否要将两种思路结合起来,要根据企业的实际情况来做决定。

当岗位薪酬的总数确定好以后,紧接着要确定薪酬结构,也就是说,这个钱怎么发给管理者本人,更能激发他的积极性。通常管理层的薪酬包括四个部分。

一是基本年薪,这是管理层的基本收入;

二是绩效年薪,绩效年薪一般不低于基本年薪的50%,也就是说,如果基本年薪是20万,那么绩效年薪一般在10万以上,才具有激励效果;

三是任期激励,激励的额度与管理层的任期考核结果紧密相连;

四是中长期激励,比如股权激励、分红激励、超额利润分享等。

在实操过程中有一点需要注意:有些激励是不能同时享受的,比如有任期激励的时候,一般就不再同时享受超额利润分红了。

(5)定退出机制:制定管理层退出岗位的机制。

退出机制的作用是打通管理层"能上能下"的通道。主要依据年度考核和任期考核结果,确定底线指标,对不胜任或未达标的管理层,可以及时解聘。

(6)定契约:管理层上任之前需要与企业签订相关协议。

需要签订的内容包括两个合同，即劳动合同和聘任合同；同时还要签订"两个书"，即年度的经营业绩责任书和任期的经营业绩责任书。这两个合同和"两个书"，为"能上能下"提供了法律依据。

这就是管理岗位实施任期制的具体办法，总结一下就是"六定"：定岗位、定权责、定考核、定薪酬、定退出机制、定契约。

是不是只有管理层可以用任期的方式来进行激励呢？一定要这么正式吗？

其实也不一定，任期制和契约制的精髓就是目标管理，理解了这一点，任期的方式对普通员工也适用。我们需要关注的时间节点是员工上岗之前，这样看来，新员工入职就是非常重要的时机了。

我们以新员工入职为例，来看看如何进行任期激励。

我们招一个人可能是因为出现了一个岗位需求，所以很多管理者可能被稀里糊涂招来了，稀里糊涂用起来了，稀里糊涂在成长，至于成长成什么样，看缘分吧。

其实，新入职的员工可以使用任期激励。假设你要招一位销售，你可以问他："你对自己的职业生涯有规划吗？你希望三年后的自己是怎样的？"

他可能会说："我希望可以成为团队的销冠（销售冠军），同时还能带一个小团队，做到管理层。"

这么有想法的新员工，对于管理者来说是好事情，这个时候，你就可以问他："很好，为了帮助你实现这个小目标，过程中我会给你辅导，也会创造机会让你外出学习，当然，工作中也会委以重任，出差、加班少不了，要付出这样的努力，你愿意吗？"

这还有什么不愿意，当然愿意，因为领导在帮新员工实现目标啊！

这个时候，你就可以跟新员工一起制订一个详细的计划，可以是入职三个月的计划，接下来是半年计划，还有年度计划，而这些计划都可以作为一个又一个的合约书来签订。

当然了，这些合约书没有法律效力，它是一种道德约束，当他喊苦、喊累、喊不想干的时候，你可以提醒他一下："你还记得你当初来公司的目标吗？"让他提醒自己"既然要实现目标，就需要继续努力"。

每完成一个合约书周期，就可以继续签下一个合约书。

我辅导的一家企业，就是用这个方法把一名新员工培养成为公司最年轻的副总裁。

这是因为，当我们滚动式和员工一起制定目标的时候，员工的目标清晰又明确，当员工的目标实现的时候，部门的目标、公司的目标也就实现了。这样，他的成长速度会非常快，一个阶梯一个阶梯往上走，员工会自动自发地被自己的目标驱动着往前走。

最后，总结一下，岗位任期激励法不仅可以用于管理层，也可以用于普通员工。

在有限的任职时间内，员工可以充分施展个人才华和抱负，挖掘个人潜能。同时在企业内部形成"能上能下"的良性循环，树立"庸者下，能者上"的风气，这是对员工个人负责，也是对公司负责。

总　结

如何通过岗位任期激励建立"能上能下"的干部管理机制？

具体实施过程可以总结为"六定"：

定岗位：确定管理层的岗位任职要求和职责。

定权责：确定管理层的权责清单。

定考核：确定管理层年度和任期考核要求。

定薪酬：确定管理层的薪酬结构。

定退出机制：制定管理层退出岗位的机制。

定契约：管理层上任之前需要与企业签订相关协议。

实战练习

在你的企业中有哪些岗位可以执行岗位任期激励呢？将这些岗位梳理出来，选择核心的岗位，按照前面介绍的六定法，做一份岗位任期激励计划吧。

弹性工作激励
如何提高知识型员工的生产效率

你看到一位员工眼睛盯着电脑屏幕，双手快速在键盘上飞舞，你能判断他是在努力工作，还是在摸鱼吗？

有些人看上去学历、经验都不错，就是工作不出活儿。

我以为他坐在那发呆，结果过去一问，他说他在思考问题。

这些场景你熟悉吗？作为管理者，你是否经常有这样的困惑？

的确，企业管理者不能再像管理流水线上的工人一样管理今天的员工，因为员工的工作不再像流水线一样简单。

管理大师彼得·德鲁克说过，20世纪的企业所拥有的最宝贵的资产是它的设备，而21世纪的企业，最宝贵的资产是知识工作者的生产效率。

那么，究竟如何能够激励这些知识工作者，最大限度地做出贡献呢？

首先我们来看一下，什么是知识工作者？

比较常见的理解是"脑力工作者"，但并不是说只有高等学历的人才能称为脑力劳动者，而是具有创造性的人，像设计师、文案、销售、研发人员、管理人员等，他们的工作通常不能仅仅看工作量，更需要看工作质量。

彼得·德鲁克提出,知识工作者必须进行自我管理,必须拥有自主权,要把提高知识工作者的生产效率的责任交给他们本人。

也就是说,知识工作者的工作成果与他们的自觉性有很大关系。换句话说,只有心在,员工才能创造价值。如果人在心不在,那么最终的结果一定不会好。

正是基于知识工作者的特征,有越来越多的企业都开始了弹性工作制,把工作时间的自主权交给员工。

什么是弹性工作制呢?

弹性工作制是指在完成规定的工作任务或固定的工作时间长度的前提下,员工可以灵活地、自主地选择工作的具体时间安排,以代替统一、固定的上下班时间的制度。

现在越来越多的公司开始选择弹性工作制,特别是在互联网公司,像我们熟知的奈飞公司,员工享有休假的自由,员工甚至可以自己选择什么时候休假,以及休多长时间的假。

因为这种办公方式对于需要创意的岗位来说,更有利于激发员工的潜能,主要有以下三个方面的好处。

(1)知识工作者的创意需要留白的时间和空间,弹性工作有利于高效率工作。

(2)员工可以更加专注于业务本身。

因为实行弹性工作制,往往意味着企业是以结果为导向的,而不是监控工作流程。如果员工只对自己的业绩负责,而不是对出勤表、着装礼仪和无效的汇报负责,那么他们可以更加专注于业务本身。

(3)员工可以错峰出行,从而节省通勤时间,这些时间用于工作或休息都是不错的选择。

既然实施弹性工作时间激励法有这么多好处,那么究竟如何实施呢?可以分四步走。

第一步,确定实施弹性工作制的岗位。

管理者需要思考这样一个问题:公司内部有哪些工作岗位需要实施弹性工作制,更有利于员工产生绩效?建议选择某一类型工作岗位(比如研发、设计、文案、销售等岗位)作为试点,先行实施弹性工作制,积累管理经验,再大范围推广。

第二步,制定弹性工作时间体系。

在这里,我列举三种比较常见的弹性工作时间体系,供你参考。

(1)以结果为导向的工作时间体系。

这种体系主要关注员工的工作结果,不关注员工的工作时间,只要员工在规定的时间内完成绩效,上下班时间就可以自由支配。

这种体系适用于工作目标明确、个人能独立完成工作任务的岗位,比如销售岗位。

这种体系的优点是,给予员工在工作时间方面更大的自主权,一切以结果说话;缺点也很明显,就是对于过程不容易把控,只能等到目标完成时,再检验工作成果。

（2）规定周工作或者月工作总时间，员工自由安排上下班时间。

这种体系指的是，员工可以根据自己的实际情况，自由安排上下班时间，只要在公司工作的时间总量达到周工作或月工作的总小时数就可以了。

这种体系最大的优点是，员工可以选择在自己状态最好的时候进入工作时间，比如有的创意工作者习惯于晚间安静时奋笔疾书。这种体系的缺点是，团队共同工作时间减少，容易出现团队合作不顺畅，因此，需要有定期的线下例会和线上沟通的机制来补充。

（3）不同时间段的工作时间体系。

这种体系由两个时间段组成：核心时间段和不同时间段。核心时间段是指员工每天必须到岗上班的时间，不同时间段是指员工可以在一定的时间段内自由选择上下班时间。

这种体系的优点是，既可以让员工按照自己的需求调整工作时间，找到自己的工作节奏；又可以在核心时间段实现团队一起工作，从而解决团队沟通和协作的问题。

以上三种时间体系需要根据不同的企业类型和不同的岗位特点来进行选择。

第三步，设计沟通机制。

不同的员工工作时间段不同，在公司的时间长度也不同，这很容易造成员工之间工作对接不及时、上下级工作交流不顺畅、降低工作效率的情况。因此，一定要提前设计好员工与员工之间、部门与部门之间的沟通机制。

比如，设立定期线下例会制度，我们可以通过日例会、周例会来确定工作目标和工作计划；还可以通过线上软件，比如飞书、腾讯会议、企业微信等，及时同步工作中的进度和需要配合的工作，这样可以很好地弥补由于工作时间不同步造成的沟通障碍。

第四步，进行阶段性复盘。

弹性工作时间激励法实施一段时间后，管理者需要对这一阶段的员工工作表现和团队的整体工作业绩进行评估，根据评估结果再确定是否继续实行该激励法。如果员工表现积极，业绩也有很大的提升，则说明这个激励法是合适的；如果员工表现散漫、团队业绩下滑，就需要复盘并查找原因，采取调整措施，看看效果如何，再确认是否需要继续实施弹性工作制。

弹性工作制的实施需要根据公司的实际情况和所处行业的特点来设计，我之前为企业设计过一个"年假储蓄制度"，把弹性工作和正常工作时间相结合，效果不错，下面具体介绍一下。

人力资源部为每位员工建立了一个年假储蓄账户，就是一个虚拟的时间账户，员工的行为与年假的天数挂钩，比如加班可以增加年假储蓄天数；而迟到、早退及各种请假等行为会减少年假储蓄的天数。这个时间账户每月结算一次，余额自动转存到下一个月的时间账户中。

当时间账户为正数时，就可以申请休假，也可以等到年底折算成工资发放；当时间账户为负数时，就要扣罚相应的金额。

比如，员工加班，按加班时间的 1.5 倍计入年假储蓄天数；休息日加班，按加班时间的 2 倍计入；法定节假日加班，按加班时间的

3倍计入。

比如，病假，按请假时间的0.5倍从年假储蓄时间中扣除；事假，按请假时间的1倍扣除；迟到或早退，按迟到、早退时间的2倍扣除。

这样做的好处是，当业务繁忙时，可以鼓励员工多加班，以增加储蓄的时间余额；当业务进入淡季时，可以鼓励员工多休假、休长假；这样既可以让员工开心，又可以节省公司的人力成本。

表2-4是某员工年假储蓄账户表。

表2-4 某员工年假储蓄账户表

日期	事项	倍数	增减（小时）	结余（小时）
2月1日	上月余额转入9天	1倍	+72	72
2月4日	延长加班2小时	1.5倍	+3	75
2月16日	上班迟到30分钟	2倍	−1	74
2月17日	请事假1天	1倍	−8	66
2月23日	请病假1天	0.5倍	−4	62
2月25日	休息日加班1天	2倍	+16	78

* 每天工作时间为8小时。

这套设计方案经过实践检验在企业中顺利实施，员工们根据规则自动地调整自己的工作时间，实现了弹性工作制。

弹性工作时间激励法，充分考虑了人的因素，以满足员工生活和工作之间的平衡，从而达到激发员工自主自发工作的目的。但是，使用这种激励法一定要有严格的规范进行约束，否则会造成人员散漫，出现团队松散的情况。

同时也要注意，不是所有岗位都适合使用弹性工作激励法，比如一些行政岗、生产岗不太适合，因为这类员工不在公司，可能会导致相关工作难以开展。另外，对于新员工不建议使用弹性工作激励法，新员工进入企业后，应该尽快适应企业氛围，找到自己的工作节奏。

总 结

如何实施弹性工作时间激励法呢？可以分四步走：

第一步，确定实施弹性工作制的岗位；

第二步，制定弹性工作时间体系；

第三步，设计沟通机制；

第四步，进行阶段性复盘。

实战练习

在你的团队中，哪些岗位适合弹性工作的方式？设计一套属于你们团队的弹性工作方案，激励优秀员工发挥潜力。

第三章

规则激励

管理的最高境界是"无为而治"。优秀的管理者应当成为一位优秀的"游戏规则制定者"。不必事事亲力亲为,只需要制定好游戏规则,让大家来"玩",而"玩"的结果正是你想要的。

规则激励
如何通过规则设置实现团队自激励

在过往我们做的咨询项目中,经常听到管理者跟我说:"老师,其实规则和制度我们公司都有,但执行起来太难了,您能不能帮我们抓一抓执行?"

"抓执行",我一听,就知道他把方向搞错了。为什么这么说呢?因为好的规则都不需要特别使劲儿,就可以自动自发地运行起来。好的制度,是"活的"游戏规则。

而很多企业制定管理制度基本靠"抄",宣传贯彻基本靠"读",执行基本靠"吼"。《管理制度汇编》搞了厚厚的一大本,可是谁能记住里面的全部规定呢?如果都记不住,谈何执行?所以,那些写在纸上、挂在墙上的制度,如果不能落实到大家的行为中去,就是废纸一张。

制度有用,一条足矣;制度没用,一百条也没用。

在制定规则时偷的懒,都要在执行时还回来。

下面我讲一个故事,你来感受一下。

18世纪80年代,英国政府为了开发新的殖民地澳洲,决定将监狱里的囚犯运过去拓荒。

运送囚犯的任务交给了私人船主,政府按照装船的犯人人数来支付运费。过了一段时间，人们发现船主们为了牟取暴利，采用破旧的老式货船，导致犯人的死亡率平均高达 12%；甚至有的船犯人的死亡率达到 37%。这么高的死亡率，引来了社会舆论的愤怒声讨。

迫于舆论压力，政府决定出面解决这个问题。有人提出，船主们之所以虐待犯人，是因为运费太低。英国政府便立即将运费加倍，但情况没有任何好转。

英国政府一看行不通，就开始加强监管，给每个船上派一名监督官员，外加一名随船医生。然而，犯人的死亡率不但没有下降，而且许多监督官员和随船医生竟然也离奇死亡。事后经过调查发现，这些随船的官员和医生，目睹犯人在船上的悲惨遭遇，准备回国后向政府揭露这个"人间地狱"，船主们为了堵住他们的嘴，就污蔑他们，说他们得了传染病，直接将他们扔到海里了。

英国政府实在没办法，组织船主们进行"政治学习"和"思想教育"，劝他们要珍爱生命，不要把金钱看得比人命还重要，但情况依然没有丝毫改变。

那怎么办呢？如果是你，你有没有更好的办法，能让犯人活着到达澳洲？

有一位英国议员看出了问题所在，他说，问题出在规则上，应当改变付费方式：支付的运费，应该以澳洲到岸的犯人数来计算。这个新的"到付制度"实施以后，效果立竿见影。

船主们居然开始主动完善生活设施，主动请医生上船，尽可能保证每一位犯人都能活着抵达澳洲。犯人在他们的眼里，已经不再是犯人，而是一尊闪着金光的"佛"，而犯人的死亡率一下子就降到 0.2%。

你看，同样的船主，同样的运费，同样是运送犯人，不同的规则，却带来两种截然相反的结果！

故事讲完了，你感受到制度的威力了吗？制度有用，一条足矣。狠抓落实，往往说明制度太笨；制度不当，严格执行只会适得其反，科学管理是从科学的制度设计开始的。

管理的最高境界是什么？是"无为而治"，通俗地说，就是"如何不管"。

很多管理者，颠来倒去想的都是如何去管、如何管好，每天殚精竭虑、不辞辛苦，累得半死，效果却往往不好。我想说的是，你的努力方向错了，要想让管理变得轻松、从容、洒脱，在管理观念上就需要彻底转变，从"如何去管"转向"如何不管"。

当然，这里的"无为"，不是不闻不问，什么也不做；而是不妄为、不乱为，顺应事物自身的运行规律，因势利导，顺势而为。不是靠极端的人为努力，而是要创设"活的、可以自动运行的游戏规则"。

优秀的管理者应当成为一位优秀的"游戏规则制定者"。不必事事亲力亲为，只需要制定好游戏规则，让大家来"玩"，而"玩"的结果正是你想要的。

那么，怎样才能设计出"活的游戏规则"，实现"无为而治"呢？这样的规则应该具备什么特征呢？

有四个特征，叫自组织、自激励、自约束、自协同。怎么理解呢？我再用一个案例来为你解读。

我们每天都在接触快递公司，你有没有想过，在数万名快递员、数千辆运营车的背后，是一套怎样的管理制度在支撑这个庞大的体系高效有序地运转呢？

在中国民营快递业兴起的草莽阶段，有一家快递公司，凭借其规则设计迅速发展壮大，成为行业巨头，我们看看他们是怎么做的。

快递是一个时效性极强、协同性极高的行业，收件、中转、分拨、派件这四大环节，环环相扣，不容有误。所以，不管是国际的还是国内的快递巨头，都是采取"全国一盘棋"的运营模式：在全国各地开直营店，中央统一指挥、统一调度。但在巨头笼罩之下，弱小的民营快递企业，如果这么"玩"，市场空间早就没了。所以，这家快递公司创造性地将连锁加盟模式引入快递行业，创造出一套连锁加盟管理的全新玩法。

我们来看看，这家快递公司成功的秘诀是什么？

第一个秘诀是，形成自组织的加盟机制。

他们吸引加盟商的方法很简单，就是给你划一块地盘，加盟商自己租一个门面，雇两个人就能开业了。总部只干一件事，就是卖运单给加盟商。运单就是我们每次寄送快递时扫码就可以看到货品运输情况的单子。什么品牌费、加盟费、保证金等，统统都不需要，一张运单一元，印刷成本两毛，剩下的就是总部收入。加盟商业务量大，自然就买得多，总部利润就多。在这种自组织的机制下，几千家加盟分公司迅速开遍全国，自然而然地形成了第一家覆盖全国的民营快递网络。

连锁网络建起来以后，怎么管理呢？答案是不管。让加盟商自己管好自己，实现自激励、自约束和自协同。

下面让我们来看一下，如何实现加盟商的自激励，这是他们成功的第二个秘诀。

寄过快递的人都知道，寄件时付款，收件时不用再给钱。甲地的分公司收件又收钱；乙地的分公司派件，不但没钱，还要费时费力去派送。站在公平的角度，甲公司是不是应该给乙公司"派送费"呢？可问题是，这个计算量相当大。所以啊，大型快递企业，都有一个庞大的中央结算体系和成千上万的统计人员。

而这家快递公司没打算养这么多人，那怎么办？简单，那就不结算！甲地有快件到乙地，乙地同样有快件到甲地，那干脆派送费大家互免。可是，两地发件量不同，对发件少的分公司是不是不公平呢？对，就是不公平！要想公平，只有一个办法，就是疯狂地开拓本地市场，多收件，才能不被对方占"便宜"。这就是一种自激励机制，正是在这种机制下，他们的业务量，每年都是三五倍地往上翻。

当然，公司更是节约了上千万的结算体系管理费用。

他们的第三个成功秘诀是自约束。

加盟商越来越多，遍布全国，总得有一些规则要遵守，有些底线是不能触碰的，不然就会乱套。

比如，这家快递公司总部规定了八条禁令，如果有加盟分公司违反规定怎么办？总部需要设立专职部门负责查处吗？答案是，不设！

那么到底谁来查处呢？举一个例子，你就明白了。

有一天，他们的首席制度官半夜被电话铃声惊醒。接通电话，对方激动地说："领导，某地分公司违反了禁令，帮竞争对手转运快件。铁证如山，这家分公司老板可以换人了。按照规定，我有优先资格去当新老板。"

在这种情形下，哪个加盟分公司的老板还有胆量敢违反八条禁令呢？身后有多少双眼睛盯着，等着接手你的地盘，等着成为新的老板？在这种威慑之下，大家都自觉遵守八条禁令，这便是一种自约束的机制。

他们的第四个成功秘诀是自协同。

快递有收件、中转、分拨、派件四大业务环节，每个环节严丝合缝，才能够保证快件准确及时地送达客户。所以，在许多快递企业中，中转和分拨这两个环节都是由总部直接掌控的，统一指挥、统一调度、统一核算、统一监督，自然也就需要一大堆的管理人员、调度人员、核算人员和监督人员。

这家快递公司的上百个中转站，一开始也是由总部直接管控，中转站经理由总部任命。总部原本指望中转站可以通过收取超重费来养活自己，结果超重费一分钱没收到，每月还要对中转站进行业绩考核，倒贴钱给中转站发工资、发奖金。

由于快件只能通过所在区域的中转站才能转运出去，所以各个分公司老板不得不想方设法与中转站经理搞好关系，请吃饭、送红包更是家常便饭。

总部发现这种情况以后出台了两条规定：一是两个大城市之间增加一个中转站，也就是说中转站从过去的一个变成两个，形成了竞争关系；二是中转站开始实行承包制，靠超重费养活自己，总部不再给中转站发工资和奖金。

新规定实施以后，情况完全倒过来了，分公司成了客户，中转站要想尽办法维护好他们，因为如果价格不好、服务不周到，他们立刻就把业务转给另外一家中转站。而且中转站承包出去后，原来消失的超重费竟然都"现形"了，收取标准比总部原来规定的标准还低，但中转站养活自己已绰绰有余。

在新的机制下，中转站会竭尽所能地提供优质服务，因为分公司就是他的衣食父母。两个环节紧密协作，总部也不需要养一大堆监管者，这便是自协同机制。

以上就是自组织、自激励、自约束、自协同的管理制度设计案例，这套超级简单但却超级有效的管理制度体系，将快递公司的老板从烦琐的管理中解脱出来，无须劳心劳力，企业可以高效有序地运转，而且发展成为中国民营快递巨头，轻松实现了"无为而治"。

总　结

管理的最高境界是"无为而治"，"无为而治"的理念核心正是自组织、自管理。具体到每一位员工身上，则呈现为以下四点。

第一，自组织，就是员工自动自发地加入其中开始做事；

第二，自激励，就是员工自动自发地去做组织希望做的事；

第三，自约束，就是员工自动自发地不去做组织不希望做的事；

第四，自协同，就是员工自动自发地协助同事或其他部门去做事。

没有什么激励，比自己激励自己更强烈；没有什么约束，比自己约束自己更牢靠；也没有什么协调，比自己协调自己更有效。

实战练习

盘点一下现在团队中正在使用的规则和制度，哪些运转得好，原因是什么？哪些运转得不好，原因又是什么？

薪酬激励
如何让薪酬更加具有激励效果

薪酬在很多企业都是敏感话题，因为薪酬问题往往都是牵一发而动全身，下面给大家分享两个实际案例，教大家如何在不调整原有薪酬体系的情况下，通过动态运行机制让员工的薪酬合理化、公平化。

我曾经辅导过一家技术+生产型的企业，原来采用的工资体系是行业内惯常做法：基本工资＋浮动工资＋加班工资，其中基本工资这一项又按照岗位、职级、学历、技能、司龄等因素设置了多个等级，比如行政五档、技术六档、生产七档、管理八档……看了让人眼花缭乱，无所适从。

运行几年下来，公司发现原有的薪资体系存在几个明显的问题。

第一，基本工资靠"谈"，不靠"干"。工资定档看的是级别、学历等工作努力之外的因素，谁在入职的时候会写履历、会包装自己，基本工资就定得高一些，之后的调薪也会以此为基准，实事求是、不会为自己争取的老实人反而吃大亏。

第二，基本工资只升不降，随着入职年限的增加，工资档位越来越高，慢慢地又回到了论资排辈的老路上。

第三，员工似乎永远不满足，没有人嫌自己的工资高，隔三差五就有人吵着要加薪，你方唱罢我登场，没完没了地和公司博弈。

怎么解决这个问题呢？怎么让基本工资具有激励效果呢？

解决这个问题，有一个前提条件，就是现有的薪酬体系是不能大动的，大家对薪酬都很敏感，突然间的大变动可能会产生"地震"，所以我们需要尊重历史，在原有体系上建立一个动态的底薪浮动机制，把绩效考核的结果应用起来，具体办法是这样的。

第一，任何员工，无论在任何部门、任何岗位，如果连续6个月，或一年当中有9个月的KPI考核结果，都排在公司前10%，则底薪自动升一级。

第二，任何员工，无论在任何部门、任何岗位，如果连续6个月，或一年当中有9个月的KPI考核结果，都排在公司后10%，则底薪自动降一级。

第三，部门经理，如果其领导的部门连续6个月或一年当中有9个月的KPI考核结果，都排在公司前两位，则底薪自动升一级；反之，如果排在公司后两位，则底薪自动降一级。

第四，底薪浮动每季度进行一次，上不封顶；下不保底，直到底薪降至当地所规定的最低工资标准。

这种制度安排没有纠结于原有的工资体系是否公平合理，也没有费劲地去重搞一套新的薪酬方案。即使部分员工的原有底薪不合理，也可以通过动态运行机制逐步实现动态公平，让大家着眼于未来，而不是纠缠于历史。

这套工资方案让底薪彻底"动"起来，绩优员工的底薪会逐步涨上来。下级有可能超过上级，一线员工有可能超过经理。而且，公司不用再辞退不合格的员工，经过几轮周期下来，总是做得差的员工，底薪浮动到底，就会自己离开。

运用这个方法，让固定工资也具有了激励效果。

还有很多管理者非常关心销售的薪酬制度，毕竟销售业绩关系着公司的生存和发展。

很多企业在销售激励方面采取的办法大多是"底薪+销售提成"或"底薪+利润提成"的方式，但在底薪和提成设置上，却往往照搬行业惯例，而不是从企业的实际情况出发，从而导致企业的销售激励办法起不到激励销售人员的作用。

先来看底薪，为什么要设置底薪呢？大部分企业将底薪视为基本生活保障，目的是增加销售人员的安全感和归属感。通常老员工的底薪高，似乎也是理所当然的。

可我们不妨思考一下，如果底薪是基本生活保障，那么最需要保障的难道不是那些既没有太多客户资源，也没有很好的经济基础的新销售吗？而老销售有客户资源、有人脉资源，却拿着高底薪和稳定的提成，这就造成了老销售只守着老客户，没有冲劲去开拓新市场的局面。高底薪的安排虽然留住了老业务员，却也正因这份"安全感"磨掉了他们的锐气。

再来看提成，为什么要设置提成呢？设置提成本意是为了调动销售人员的积极性。新老员工提成比例相同，看似是公平合理的，可细想就会发现问题。通常情况下，开发新客户要比维护老客户的难度大得多，开辟更远的销售区域要比耕耘自家门口的市场难度大得多。设置相同的提成比例,就是假定销售人员开发每个客户所付出的努力都是相同的。这样,新员工花费十倍的气力,却往往只能拿到老业务员提成的一小半,新员工自然不愿留下,留下来的员工反而是混日子或者投机取巧的人,典型的"劣胜优汰"。

最后来看看提成的算法,为什么要将提成与利润挂钩呢?显然是希望销售人员能够控制销售费用,促进高毛利产品销售。

可是这种提成方式却对销售人员提出了较高的要求,要掌握足够的财务知识和企业财务信息才能算明白。如果产品相对简单、利润相对透明,销售人员尚能理解,否则肯定会心生怀疑:老板精于算计,不知怎么算的,七算八算,又把我的提成给算没了。这无疑会让销售人员心里产生隔阂,无法专心"冲业绩"。

销售人员的底薪和提成到底应该如何设置呢?

老板最喜欢的方式是"无底薪或者低底薪+高提成",因为有利于企业控制成本,同时能激发销售人员的积极性,但缺点也很明显,新人难招,员工忠诚度低,流失率高;"高底薪+低提成"则是相反的,养着的人不出业绩;而"中等底薪+中等提成"高不成低不就,左右都不是。那到底应该怎么办?

我们曾经给一家公司设计了一套可自选的销售提成制度,即薪酬方案套餐。

将激励方式的选择权交给销售人员,由他们根据自己的实际情况,每年自行选择一次。

如表 3-1 所示,整个薪酬方案分成了三个序列:金牌序列,"无底薪+高提成"；银牌序列，"中等底薪+中等提成"；铜牌序列，"高底薪+低提成"。

表3-1 薪酬方案序列

月销售额（万元）	金牌序列提成比例	金牌序列月收入	银牌序列提成比例	银牌序列月收入	铜牌序列提成比例	铜牌序列月收入
0	5.00%	0	3.00%	2000	1.50%	2500
2.5	5.00%	1250	3.00%	2750	1.50%	2875
5	5.00%	2500	3.00%	3500	2.00%	3500
10	5.50%	5500	3.50%	5500	2.50%	5000
20	6.00%	12000	4.00%	10000	3.00%	8500
30	6.50%	19500	4.50%	15500	3.50%	13000
40	7.00%	28000	5.00%	22000	4.00%	18500
50	8.00%	40000	5.50%	29500	4.50%	25000

第一个序列，金牌序列，实行"无底薪+高提成"。

这一序列适用于那些已经站稳脚跟、拥有较多客户资源，且有较大潜力的老销售。

第二个序列，银牌序列，实行"中等底薪+中等提成"。提成比例也是随着业绩的提高而相应地增加，但是比金牌序列提成比例要低。

这一序列适用于那些拥有部分客户资源和一定经验的普通销售员。

第三个序列，铜牌序列，实行"高底薪+低提成"。提成比例是三个序列中最低的。

　　这一序列适用于那些客户资源比较少的新业务员。

　　此外，为了激励新业务员的成长，铜牌序列只能选一次，一年后必须升级。

　　这个薪酬套餐制度分成三大序列，由员工自行选择，不仅可以激发老员工的潜力，也可以为新员工提供起步阶段的基本生活保障，有利于新员工的培养。

　　同时，整个提成比例的设置是分段递增的，也就是说业绩越高，比例越高，激励力度越大。许多企业实行"固定比例提成"制度，当月销售额为10万元时，提成比例为3%，当月销售额为20万元时，提成比例还是3%。这属于"匀速激励"，要想让销售人员加速向前进，就要给予"加速激励"。

　　一年后，这家公司的年销售额增长速度翻了两倍。

　　当时管理层也在心里打鼓："如果金牌序列的月销售额达到100万元，提成比例就设置为10%，当月提成就能拿10万元，太恐怖了，企业岂不是给销售打工了？"对此，我想说："公司给员工多分点，换来大发展。不要光在嘴上说'把蛋糕做大'，如果分配不向那些能把蛋糕做大的人倾斜，蛋糕是做不大的。一个人能顶十个人，那就让他拿十个人的收入，企业还省了人员管理费用。这是双赢的结果。"

　　一个企业之所以成功，是因为他的成功能给别人带来好处，利益相关者有意无意地希望他成功，推动他成功，他才有可能成功。说得再直白一点就是，一个企业的成功是其他人追求利益的副产品。

薪酬激励其实是激发员工追求自身利益的动能，并最终实现公司目标的过程。在设计薪酬的过程中，需要将员工利益和公司利益形成合力，最终实现公司目标。

总　结

如何让薪酬更加具有激励效果？

案例一：

在不调整原有薪酬体系的情况下，建立一个动态的底薪浮动机制，把绩效考核的结果应用起来，在升级和降级的过程中，逐步让员工的薪酬合理化、公平化。

案例二：

设计一套可自选的销售提成制度，即薪酬方案套餐。将激励方式的选择权交给销售人员，由他们根据自己的实际情况，每年自行选择一次。

整个薪酬方案分成三个序列：金牌序列，实行"无底薪+高提成"；银牌序列，实行"中等底薪+中等提成"；铜牌序列，实行"高底薪+低提成"。

提成比例的设置分段递增，给予销售人员"加速激励"。不仅可以激发老员工的潜力，同时也为新员工提供一段时间内的基本生活保障，有利于新员工的培养。

实战练习

公司现有的薪酬体系是否能激发起员工的工作动能,是否有改善的空间?如果可以改善,这两个案例有没有可以借鉴的方法?

绩效激励
如何让员工争先恐后地提升工作绩效

彼得·德鲁克说，管理的本质是激发员工的善意。我们雇佣的对象不是人的双手，而是整个人，包括他的脑、他的心。所以，到底怎样才能让员工全身心地投入工作中，努力提升绩效呢？绩效考核永远是管理者热衷讨论的一个话题。

我之前辅导的一家公司，他们一直用KPI（关键绩效指标）考核的方式，虽然每年都做完善，但问题依然很多。每到年底制定下一年KPI的时候，人力资源部和管理层就要花整整一周的时间与各部门讨价还价，争论选什么指标，为什么选这个指标而不是那个指标，为什么权重是20%而不是25%，等等。

另外，由于关键指标与奖惩挂钩，所以大家很重视，由于非关键指标跟奖惩不挂钩，所以没人关注。

为了解决以上问题，同时又不能让公司绩效考核体系推倒重来，于是，我们对KPI考核进行了动态改造，建立起"动态KPI考核指标体系"，具体设定了四条规则。

（1）依据各部门的岗位职责和工作任务，给每个部门建立一个常规考核指标库，既包括原来的KPI指标，又包括原来的非KPI指标。

（2）检查去年的 KPI 指标完成情况并进行打分，以 80 分为基准，分值每超过基准 2 分，权重自动降 1%；分值每低于基准 2 分，权重自动升 1%。当然，极个别重要指标可以设定最低权重，比如销售业绩指标，无论打分多少，都必须是 KPI 指标，不能低于最低权重。

（3）经过以上调整后，选取那些权重超过 10% 的几项指标作为新的 KPI 指标，其考核与奖金挂钩。如果新指标的权重加起来不等于 100%，则可做归一化处理。

（4）非 KPI 指标虽然不与奖金挂钩，但到年底也要做统一评价，依据完成情况自动升降权重，每年循环往复，从而形成动态 KPI 体系。

这么说可能有点抽象，我们用一个例子来说明一下，表 3-2 是某公司人力资源部的动态 KPI 指标权重变化表。

表 3-2　某公司人力资源部的动态 KPI 指标权重变化表

指标名称	原有权重	考核得分	权重增减	新权重	新权重归一化	备注
招聘完成率	40%	80	0%	40%	42%	该指标权重变化最低限为 30%
考核及时率	25%	90	-5%	20%	21%	
绩效面谈率	15%	96	-8%	7%	0%	权重低于 10%，成为非 KPI 指标
费用控制率	20%	70	+5%	25%	26%	
培训完成率	0%	60	+10%	10%	11%	权重高于 10%，成为 KPI 指标

从表 3-2 中（第三行）可知，在人力资源部的原有考核指标中，"绩效面谈率"的指标权重为 15%，去年考核得分为 96 分，比基准分（80 分）多 16 分，依照增减规则，权重要降 8%，则今年的权重为 15%－8%=7%，结果低于 10%，所以，这个指标就变成了非 KPI 指标。

再看表 3-2 中的第五行，去年，"培训完成率"指标是非 KPI 指标，权重为零，考核得分为 60 分，比基准分（80 分）少 20 分，所以今年的权重自动升到 10%，成为新的 KPI 指标。

这样，要设置哪个指标为考核指标，指标占比为多少，都有了依据。

"动态 KPI 考核指标体系"有效地解决了设置哪个指标，设置多少权重的问题，上下级之间不用再为考核指标讨价还价，每年的 KPI 制定会也不用"唇枪舌剑"了，非 KPI 指标也不再被忽视，企业内部的管理短板被及时补齐。

当行业内的许多企业因为这几年市场环境剧变而导致业绩大起大落甚至亏损的时候，这家公司的发展却一直非常稳健，"动态 KPI 考核指标体系"起到了相当大的作用。

上面介绍了绩效考核制度，建立绩效考核制度只是绩效激励的一种方式，接下来说一说让很多企业都颇为头疼的销售激励制度，毕竟"冲业绩"是关系企业发展的大事。

我们在前面讲过，没有什么激励比自己激励自己更强烈，所以，真正具有激励效果的制度，是让他觉得这是"我要努力实现的目标"，而不是"公司要我实现的目标"。

因此，我们必须考虑的一个问题是，公司的目标跟员工的目标方向一致吗？

这个问题很重要，激励机制的设计必须考虑利益相关人的利益诉求，让大家实现利益捆绑，把公司想要实现的目标转化为对方的利益追求。

简单地说，就是构造一个"利益结"，将个人目标与公司目标"联结"起来，让实现公司目标成为实现个人目标的先决条件，这样，员工自然就会朝着公司目标自动自发地行动了。不同群体利益诉求"合力"示意图如图 3-1 所示。

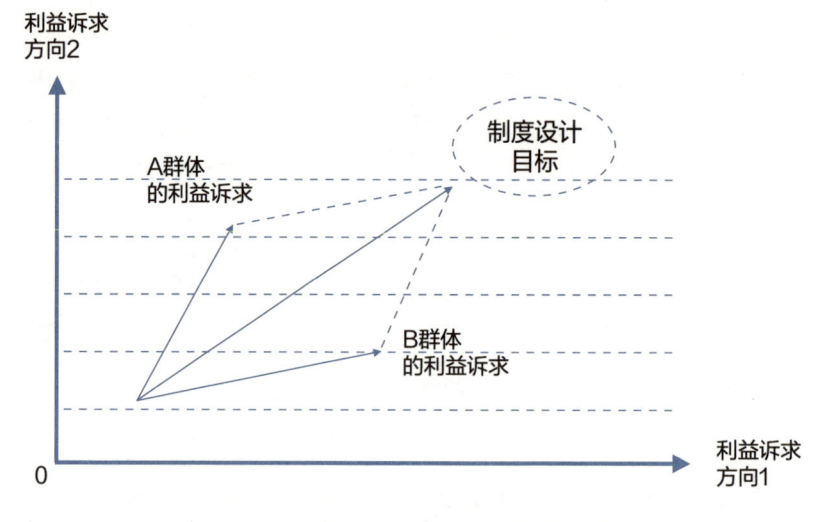

图 3-1　不同群体利益诉求"合力"示意图

我们还是拿一个实际的案例来说明。

有一家国内知名品牌挖掘机公司,每到年底都会给各个省级代理公司制定明年的销售任务,有一年给其中一家省级代理公司制定的任务指标让所有人都目瞪口呆,总公司给他们的任务是销售1200台!

1200台是什么概念?这个数字意味着这家省级代理公司的销量要翻三倍还不止,意味着市场占有率要超过20%,意味着市场排名要从第八变为第一。几乎所有员工都知道,这是一个根本不可能完成的任务。但完不成,就要被撤销省级代理资格,所以硬着头皮都要上。

恰逢那一年的宏观经济环境不好,再加上他们周边的竞争对手强手林立,导致销售挖掘机变得异常艰难。一月份只销售了12台;二月份适逢春节,仅仅销售了8台!

在这种危急关头,公司要想调整激励机制,该怎么办呢?还记得前面提到的,要考虑利益相关方的诉求吗?

与销售目标相关的利益相关者有哪些呢?有三大关键对象——销售人员、挖掘机大客户、业内的销售精英,于是,公司就针对这三大关键对象设计了三大激励机制,实现了销量翻三倍的目标。

首先,要对销售人员进行激励。

为了充分调动销售人员的积极性,实行台量递进提成制度:销售台数越高,提成额度越大,第1台提成4000元,第2台提成4500元,第3台提成5000元……如表3-3所示,销量每增加一台,提成增加500元,直至达到或超过第13台,每台提成1万元封顶。

表 3-3　销售台量与提成

台量	第 1 台	第 2 台	第 3 台	第 4 台	……	第 12 台	第 13 台以上
台量提成	4000 元	4500 元	5000 元	5500 元	……	9500 元	10000 元

这样，销售人员必须提高销量才能拿到更高的提成，前面的销量是为后面的高收入打基础的，从第一台开始，每一台都重要。越到年底，挣的钱越多，销售人员越动力十足，从而为全年销售大幅度冲量提供了可能。而且，因为挣大钱的机会在后面，销售人员既不会在中途停下来，也不会在中途离开。

为了防止几个销售人员将台量凑在一起拿高提成，还要补充一条规定：如果销售人员当年销售台量不足平均水平的一半，则予以淘汰。不到年底，每个人都不知道公司当年平均水平是多少，不敢轻易地互相凑台量。

同时，为了留住优秀的销售人员，本年度超额部分可累计到明年。比如张三今年销售了 16 台，超额 3 台，则明年的第 1 台会加上 3 台，按第 4 台算，即销售提成从 5500 元起步。这样，超额数量越多，就越离不了职。

其次，需要激励的对象是挖掘机大客户。

因为一般客户在遇到买挖掘机这种重要决策的时候，都会向买过的挖掘机大客户咨询。因此，挖掘机大客户就是新客户的关键影响人，需要想办法激励这些大客户为公司引荐新客户。

为了长期锁定这些大客户，给他们设计的激励政策是：介绍第 1 台奖励 5000 元，第 2 台 6000 元，直至第 6 台以上每台奖励 1 万元。介绍超过 6 台的，超额部分累计到明年。经统计，这些大客户都能介绍 6 台左右，超额越多，明年起点越高，这样就将他们牢牢绑定在公司的销售战车上了。

最后，要激励的对象是行业的销售高手。

在一个容量有限的市场中，企业要快速占领市场，需要吸纳销售精英。

但是，这些销售精英在换公司的时候往往心存疑虑，比如担心不适应新的工作环境，或担心公司承诺的薪酬不兑现；而公司也担心招来的员工不是真正的顶尖销售高手。那么，设计怎样的制度才能消除双方的顾虑呢？

首先，给这些愿意加入公司的销售精英设计一个类似于球队金牌球员的转会费，金额是 3 万元，这对于很多销售精英来说，是相当有吸引力的。

其次，这 3 万元转会费的支付方式采取"非对称对赌机制"，支付方式是这样的：销售精英一旦加入，先行支付 1 万元奖励，到年底，如果每月销售低于一台，则剩余的转会费不再支付；每月销售一台以上两台以下，则支付剩余的转会费 2 万元。但让所有人疯狂的是，如果每月销售量大于两台，则公司再多给 4 万元，即全部"转会费"将达到 7 万元！这是一个让很多销售精英非常心动的金额！

这样，那些想要跳槽的销售精英就会根据自身实力来决定是否加入，从而达到鉴别人才、招聘到顶尖销售高手的目的。公司虽然多支付了 4 万元，但与销售高手给公司带来的利润相比，还是值得的。

一套"组合拳"下来，到了年底，这家省级代理公司完成了一个不可能完成的任务，在一个低迷的市场中，销售量翻了三倍，利润增加了 20 倍。

案例讲完了，这个案例给你带来最大的感受是什么？

回到绩效激励这个话题，你从来不可能真正激发一个人，你只能给他一个理由，让他激发自己。这才是设计绩效激励的精髓，你永远要考虑对方的诉求，让他成功，然后你顺便成功。

总　结

如何通过绩效激励让员工争先恐后地提升工作绩效？

我给你介绍了两个方法：

第一，建立动态 KPI 考核指标体系。

要设置哪个指标为考核指标，指标占比为多少，都有据可依，提升了 KPI 指标的科学性和公信力。让原本非 KPI 指标也不再被忽视，企业内部的管理短板被及时补齐。

第二，针对关键对象设计激励机制。

充分考虑利益相关人的利益诉求，将个人目标与公司目标"联结"起来，把公司想要实现的目标转化为对方的利益追求。最终，顺水推舟，实现公司的目标。

实战练习

你们团队正在运行的绩效激励机制有没有优化的空间?这一节给你带来的哪些启发可以用在自己团队中?

福利激励
如何满足不同员工的个性化需求

每年中秋节,公司都会发月饼,发起来很麻烦,员工又不爱吃。所以,好多公司取消了中秋节发月饼的环节。

没想到,不发月饼,很多员工又开始抱怨公司福利越来越差。这就让人很困惑:你们都说没用、不吃、浪费,我们不发,不是顺应民意吗?为什么会出现这种情况呢?

是"厌恶损失"的心理在作祟吗?有一部分是。但更重要的原因是,员工把"中秋节发月饼"这项福利当成是自己"应得的"。什么是"应得的"?就是你给我,我不会感激;你不给我,我会感觉不爽。

这是美国心理学家弗雷德里克·赫茨伯格在1959年提出的著名的"双因素理论":他把一个人认为自己"应得的"那些东西叫作"保健因素",而如果你给他一样东西,他喜出望外,说"太好了",那这东西,就叫作"激励因素"。人不会因为得到"保健因素"而满意,只会因为得不到而不满;相反,没有"激励因素"没关系,但如果有了,就会备受激励。

大部分公司都有福利激励,但很多公司老板跟我吐槽,说公司每年付出高额的福利成本,员工却不买账。为什么?因为你给员工的福利都不是员工想要的。

那员工到底想要什么样的福利呢？花同样的钱，怎么让他的感受从"应得的"变成"太好了"？

激励从来都不是"一刀切"的事情，即便是福利也一样，不同年龄段的员工对于福利项目的需求、喜好都不尽相同，这意味着在设计福利方案时，也需要综合考虑各方诉求。

图 3-2 展示了不同年龄段的员工对不同福利的喜好排序。对于 20~30 岁年龄段的员工，他们最看重的福利是假期，想随时来一次说走就走的旅行；30~40 岁的员工把职业晋升排在第一位，成家立业以后才知道赚钱的紧迫性；而 40~50 岁和 50 岁以上的员工会把健康医疗排在第一位，上有老、下有小，明白"健康的身体才是一切的前提"。你跟一位刚毕业、20 多岁的年轻人说，我们公司的医疗福利很好，显然不能打动他，因为对他现在所处的阶段来说，这不是他最在意的事。

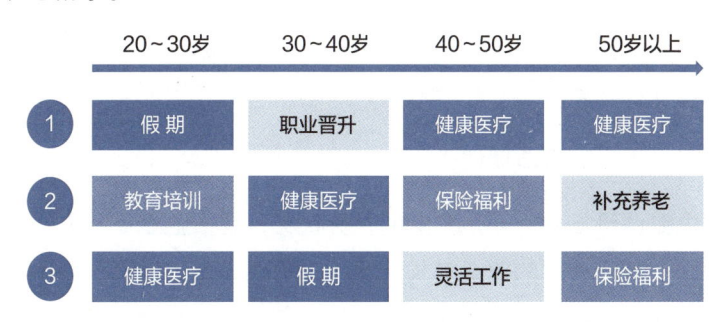

	20~30岁	30~40岁	40~50岁	50岁以上
1	假期	职业晋升	健康医疗	健康医疗
2	教育培训	健康医疗	保险福利	补充养老
3	健康医疗	假期	灵活工作	保险福利

图 3-2　不同年龄段员工喜欢的福利项目各有不同

那怎么办呢？我们就需要让福利体系和员工的个性化需求相结合，最大程度地把自主权给予员工，让他们自己进行福利资产配置。于是，菜单式福利开始受到大家的喜爱和认可。

什么是菜单式福利呢？就是指企业在确定员工福利总投入的基础上，将企业可能提供的福利项目以类似菜单的方式进行罗列，同时明码标价，员工就可以按照自身所能享受的福利额度，在福利菜单中进行选择，从而享受企业福利的一种形式。

这种福利方案有什么好处呢？

第一，企业福利预算可以得到有效控制；

第二，个性化需求和多样化的福利可以大大提升企业福利的激励效果；

第三，企业员工满意度的提升会带来员工敬业度的提升；

第四，在满足员工需求的同时，促使其更加努力地工作，取得更优异的工作成绩，并且可以享受更多的福利，有助于实现员工业绩、企业效益、员工福利的三者统一。

那么，菜单式福利方案具体应该怎么实施呢？可以分为以下五个步骤进行实施。

第一步，进行前期调研。

主要调研三项：一是企业的财务状况，包括企业上年度的福利总额、上年度公司的业绩增长情况；二是调研员工的福利需求，了解他们的想法；三是熟悉法定福利的内容，以国家、地区相关的福利政策为基础。

第二步，确定福利预算。

注意福利项目的成本额度要与企业效益相匹配，坚持在企业成本控制范围内实行最优激励。

一般以上年度福利总预算为基础，根据业绩情况进行增减。福利总额计算公式为：

$$上年度福利总预算 \times (1 + x\%)$$

其中 $x\%$ 为增减百分比。

举个例子，如果上年度公司福利总额为 10 万元，上年度业绩增长了 10%，那么今年的福利总额=10×110%=11 万元。

第三步，设立菜单式福利激励体系。

菜单式福利激励体系主要包括以下两个方面的内容。

第一，引入积分，打通福利项目之间的壁垒。

我们可以根据员工的绩效考核情况给予员工相应的福利点数，比如，绩效考核为 A 级，可以兑换 3 个福利点数，B 级可以兑换 2 个福利点数，等等，以此类推。这些福利点数累计起来可以用于兑换福利。

而每项福利都会被标注需要的福利点数，比如国内旅游 50 个点，健康体检 10 个点，等等，员工可以用福利点数来兑换相应的福利。

第二，明确菜单式福利激励的类型，企业可以根据自身的情况来选择合适的激励类型，具体有以下三种。

第一种菜单是附加型，这是当下最常见的菜单式福利激励手段，就是在团队现有的福利激励计划外，继续为员工提供别的福利或者提高现有福利项目的水平。

比如，某销售团队最初的福利只有交通补助、话费补助等，采取附加型菜单式福利激励法后，在原有福利项目的基础上增加了新的福利项目，比如人身意外险、返乡车票补助等，员工可以自行选择。

第二种菜单是核心+自选型，这种类型的菜单式福利主要包括核心福利和自选福利，核心福利就是指我们之前提到的法定福利，员工没有选择权，比如给员工买五险一金。而自选福利就是企业提供的、可以让员工随意选择的福利项目，比如带薪休假、音乐会门票、给家属买大病保险，等等。

第三种菜单是套餐型，这种类型的菜单式福利主要由企业制定不同类型的福利组合，让员工根据自己的实际需求选择一个福利套餐，举例如下。

福利套餐A：住房公积金+住房补贴+车补；

福利套餐B：人身意外险+医疗补助+一次体检；

福利套餐C：子女教育经费+子女大学住宿费；

福利套餐D：一张健身年卡+20节私教课。

从上面的例子可以看出，选择套餐A的员工注重生活保障，选择套餐B的员工注重人身保障，选择套餐C的员工注重子女教育，选择套餐D的员工注重身体保养。不同套餐的设立一定要以员工的需求为基础，在调研期间做好调查问卷工作尤为重要。

第四步，实施菜单式福利激励。

在实施之前要做好宣传，把福利点数的来源和兑换流程要讲清楚，鼓励员工根据自身的实际需求选择符合自己的福利，员工想要兑换更好的福利，就要拿到更高的分数，这样就能达到激励员工的效果。

同时，企业在对外招聘时，也要加大对相关福利内容的宣传力度，以此展现企业的福利特色，达到吸引人才的目的。

第五步，福利调查反馈。

采用菜单式福利激励法后，需要定期对员工进行调查反馈，总结这种激励法中存在的不足，对福利激励内容进行适当的调整，以确保能达到激励员工的目的。

需要注意的一点是，菜单式福利激励法会加大管理人员的工作量。比如，有的员工选择旅游福利，有的员工选择医疗补贴福利，管理者需要同时制定不同的福利报表，申请不同的单据，还要与各个福利合作机构进行沟通，从而加大了人力成本的投入。而普通的福利激励法只有固定的几项福利选择，不需要过多的流程性的操作。因此，菜单式福利激励法应尽量简化审批流程，以确保让员工以最快的速度享受到福利。

菜单式福利的底层逻辑就是，把同事当作用户，用营销手段和用户思维做福利，如果能够达到激励的效果，产生更多的绩效，那么适当的人力资源投入也是值得的。

不同类型的员工有自己不同的喜好和需求，菜单式福利激励法给予员工自主选择福利项目的权利，扩大了员工的自主选择权，真正做到了量体裁衣的激励。

总　结

如何通过菜单式福利方案满足不同员工的个性化需求？

可以分为如下五个步骤进行。

第一步：进行前期调研。

第二步：确定福利预算。

第三步：设立菜单式福利激励体系。

一方面，引入积分，打通福利项目之间的壁垒。另一方面，明确菜单式福利激励的类型，可以选择附加型、核心+自选型、套餐型。

第四步：实施菜单式福利激励。

第五步：福利调查反馈。

实战练习

盘点一下，你的团队可以设计怎样的菜单式福利，能够让员工的感受从"应得的"变成"太好了"？

股权激励
如何让员工与公司成为命运共同体

股权激励，作为一种长效的激励机制，越来越受到企业和人才的追捧。

然而，国内企业所实行的股权激励大多存在着种种缺陷，信手拈来，比比皆是。

首先，股权激励一般只覆盖到企业高管和少数骨干员工，可一个企业效益的提升并不仅仅是极少数高管的事情，而是需要管理层和一线员工共同努力。厚此薄彼的话，难免会打击员工的积极性。

其次，企业高管持股后，工作动力反而下降。因为对于这些千万富翁、百万富翁而言，很难要求他们再像当年那样拼命了。

最后，股权激励是一把"金手铐"，一边固然铐着激励对象，但另一边也铐着企业自己，铐上去容易，摘下来就难了，想要让那些获得了股权激励但此后表现不佳的高管走人，企业可能需要付出"断腕"的代价。

对于上市公司而言，管理层持股后，工作业绩与具体收入之间反而不那么直接了，中间隔了一层，就是所持股票的涨跌。可股价变化不完全取决于管理层的努力，辛辛苦苦一整年，股价一跌全白干。高管们的心思自然难以聚焦在工作上，心思都被股票涨跌牵走了。

我相信很多公司都想用股权激励来拴住优秀的管理人员和技术骨干，可上面提到的这些问题也让很多老板有顾虑，难以下定决心。那么，我们应该怎么办呢？

我曾经辅导的一个企业也有这样的顾虑，于是，我给他分享了一个"动态股权激励制度"，可以综合解决上述问题。实施的思路大概是这样的：

（1）股权激励对象：是当年业绩超过同一岗位平均水平10%以上的员工，或者没有相同岗位，但超过自身考核指标10%以上的员工。

（2）股权购买数量：符合上述标准的员工，可以自行决定购买数量，但金额不能超过当年所得的业绩奖和年终奖。

（3）股权购买价格怎么算呢？价格与员工当年的业绩表现挂钩，业绩越好，股权购买价格越低。计算方法是：**股权购买价格=资本价值×(1-业绩超额比例)**。也就是说，如果业绩超额比例超过90%，那么他购买的价格最低为1折。

（4）股权对赌回购：获得过股权激励的员工，如果当年业绩低于同一岗位的平均水平，或低于自身考核指标10%以上，那么公司按照事先的约定强制回购，回购的数量是他持股数的一半，业绩越差，回购价格越低。计算方法是：股权回购价格=资本价值×(1-业绩差额比例)。如果业绩差额比例超过90%，则公司回购的价格最低为1折。

（5）员工离职，所持股份数由公司按资本价值回购。

我们将上面的 5 条规则带入实际案例中看一下，假定公司的股权价格两年不变，都是 20 元/股，以一位管理人员为例：

第一年，他的业绩考核超过平均水平 30%，业绩奖和年终奖两项奖金之和为 28 万元，那么计算下来，他可以选择以 7 折价格购买激励股权，也可以选择直接拿奖金。如果他选择行权，则购买价格为 14 元，可购买股数为 2 万股。

第二年，如果他的业绩下滑，低于平均水平 20%，则公司就要按 8 折价格回购他所持有股份的一半，也就是 1 万股，回购价格为 20 元×80%，也就是 16 元；当然，如果业绩不比平均水平低 10%，则平安无事，但平均水平在这种激励机制下，是会逐步上升的，也就是说，这种激励机会会不断提升全员的业绩水平。

这一制度设计的核心要义是，不让股权激励成为静态的福利，不让过去的"功臣"躺在功劳簿上吃老本。逆水行舟，不进则退，"动"起来，股权激励才能发挥作用，自动筛选和留住那些真正能对公司发展持续做出贡献的人。而坚决不搞无偿赠股，原因也很简单：太容易得到的东西，就不会珍惜。

这一股权激励制度，貌似对所有员工都是一视同仁、公平公正的，但其实是有倾向性的。就业绩奖和年终奖而言，管理层拿的多，还是普通员工拿的多？谁更有可能成为股权激励的对象呢？答案不言自明，当然是管理层。

该制度实施后，公司当年利润翻 2 倍，400 多名员工中有 25 人达标，11 人行权。放弃行权的人主要是基层员工，一是因为奖金收入相对较少，二是因为投资意识相对较弱，更喜欢真金白银，落袋为安。所以，这套股权激励机制运行结果完全符合设计的初衷。

这是让股权激励"活化"的案例，希望能给你带来一点启发。

股权激励是一个相当复杂的体系，要根据公司的实际情况和发展阶段来量身定制，创业期、成长期、成熟期、衰退期，每个阶段的方法都不一样。我可能没办法在本节一一介绍，但我可以给你一个模型，叫作"股权激励10D模型"，如图3-3所示。厘清这10个问题，你对股权激励制度就清楚了。

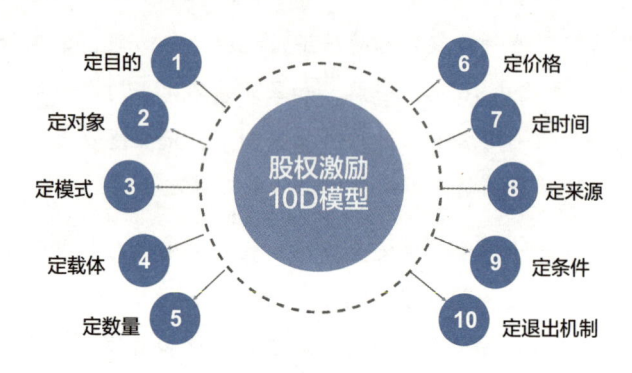

图3-3 股权激励10D模型

1. 定目的

做股权激励不是赶潮流，而是要搞清楚公司做股权激励的目的是什么，不同性质、不同规模的企业，或者同一企业处于不同的发展阶段，他们实施股权激励计划的目的是不一样的。有些企业是为了吸引和留住管理骨干和核心技术人员；有些企业是为了调动员工的工作积极性，为公司创造更大的价值；有些企业则是为了回报老员工；有些企业是为了降低成本压力，用未来的股份奖励来弥补现在的现金报酬，等等。目的不同，激励的方案也会不同。

2. 定对象

股权激励的对象应该是在公司具有战略价值的核心人才，核心人才怎么判断呢？如图 3-4 所示，你要看他是否拥有关键技术？是否控制关键资源？是否支持企业核心能力？是否掌握核心业务？

一般公司的核心人才包括高管、技术类核心人才、营销类人才等。

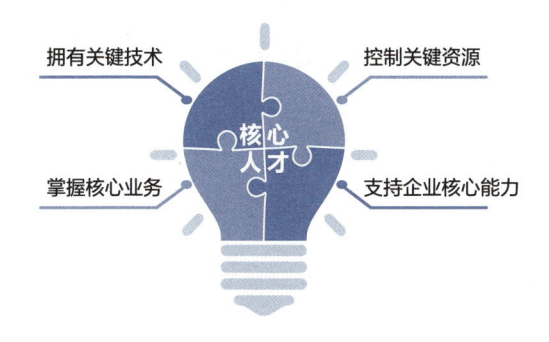

图 3-4　核心人才关键要素

3. 定模式

基于中长期激励方式的工具大致有两大类，我们可以画一个坐标轴，横坐标左边是当期，右边是远期，纵坐标下面是现金，上面是股权，可以分出四象限，如图 3-5 所示。

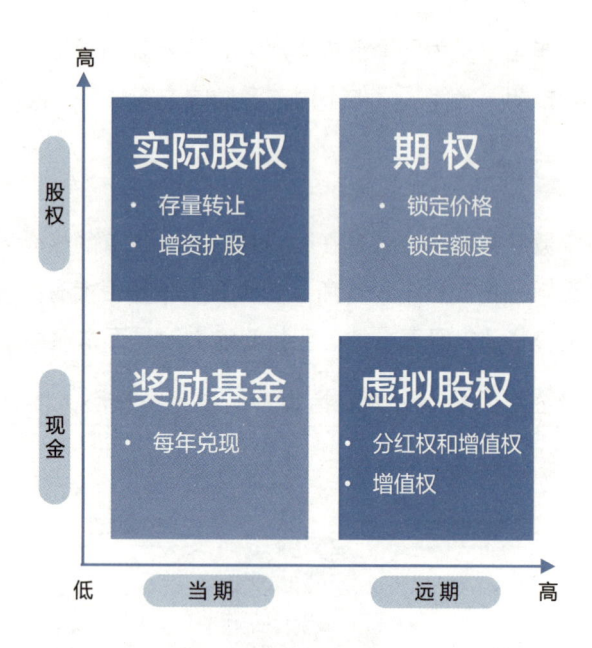

图 3-5　中长期激励方式

第一个模块：左下角当期+现金的激励模式——奖励基金

这里指的是针对公司当年的净资产增值，或该年度的超额利润，提出其中一部分资金作为奖励基金，以现金形式奖励给激励对象。

第二个模块：左上角当期+股权的激励模式——实际股权

激励计划中的实际股权一般是有限责任公司（包括股份有限公司）的实际股权，这个股权代表着其持有者已经成为公司股东，该股东拥有例如参加股东会、投票表决、参与公司的重大决策、收取股息或分享红利等权利。

第三个模块：右上角远期+股权的激励模式——期权

期权是指公司授予激励对象在未来一定期限内，以预先确定的价格和条件购买本公司一定数量股权的权利。激励对象有权行使这种权利，也有权放弃这种权利，但不得将该权利进行转让、抵押、质押、担保或用于偿还债务。

第四模块：右下角远期+现金的激励模式——虚拟股权

虚拟股权是指公司授予激励对象名义上享有股份，而实际上没有表决权和剩余分配权，不能转让，仅享有持有这些股份所产生的一部分收益，其中收益分为分红权和增值权。

你需要根据公司的实际情况来确定采用这四种模式当中的哪一种，再进行激励。

4. 定载体

对于实际股权和期权激励，主要有3种不同的持股方法：自然人持股、委托信托公司持股和设立壳公司持股。

5. 定数量

也就是确定激励员工的股份数量。

在这里列举几条股权的生命线，帮助大家知道分配股权的关键节点，如图3-6所示。

如果股东的股份占到全部股份的67%，那么这条线叫作绝对控制权，拥有67%股份的股东可以选择增资，对公司章程进行修改。

如果股东的股份占到全部股份的51%，那么这条线叫作相对控股权，拥有51%股份的股东对公司的重大决策有表决权。

绝对控制权，拥有67%股份的股东可以选择增资，对公司章程进行修改　67%
相对控股权，拥有51%股份的股东对公司的重大决策有表决权　51%
一票否决权，拥有34%股份的股东对公司的决策拥有一票否决权　34%
拥有10%股份的股东可以向法院申请对公司进行解散　10%
重大股权变动警示线　5%

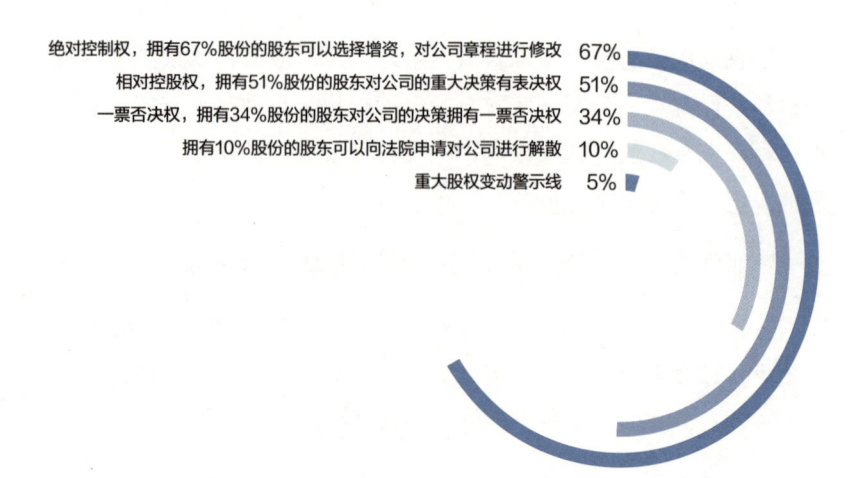

图3-6　分配股权的关键节点

如果股东的股份占到全部股份的34%，那么这条线叫作一票否决权，拥有34%股份的股东对公司的决策拥有一票否决权。

如果股东的股份占到全部股份的10%，那么拥有10%股份的股东可以向法院申请对公司进行解散。

如果股东的股份占到全部股份的5%，那么这条线叫作重大股权变动警示线。

从员工激励的角度来说，给予员工的股份总量在10%左右就可以，拥有10%股份的人已经算是公司的大股东了。

6. 定价格

上市公司股权激励计划的行权价格有相应的股票价格进行参照，而非上市公司在制订股权激励计划时，其行权价格通常采用的方法是对企业的价值进行专业的评估,以确定每股的内在价值,然后,以此作为股权行权价与出售价格的基础。

股权激励的价格一般以注册资本金价格或净资产价格为主。

7. 定时间

股权激励计划中涉及的时间主要包括有效期、授予日、授权日、等待期、可行权日、窗口期和禁售期等。企业应该根据法律规定激励中的约束,并根据管理的需要制定相应的时间表。

8. 定来源

非上市公司股权激励的股票来源主要有两种,一是大股东转让,二是增资扩股,上市公司还可以通过二级市场回购来解决股票来源的问题。

9. 定条件(股权激励授予条件和行权条件)

授予条件是指激励对象在被授予期权时必须达到或满足的条件。它主要与激励对象的业绩相关,只要激励对象达到业绩考核要求,企业就授予其股权,反之不授予。

行权条件是指激励对象对已经被授予的期权进行行权时需要达到的条件。只有需要激励对象的资格和公司的主体资格符合要求,激励对象才可以行权或者购买公司股票,否则行权将被终止。

10. 定退出机制

入股容易,退股难。企业老板要重视退股机制的设置,防范股东"躺"在股份上"睡觉",在前面介绍的"动态股权激励"就是很好的方式。

股权激励在员工和企业之间建立了一座利益桥梁,双方都在这座桥梁上驱车行驶,而股权正是驱使双方前进的发动机。员工想要在这座桥上平稳、快速地行驶,就必须努力工作,完成公司规定的目标,承担股东相应的责任。

企业老板则要尽最大的努力让员工既能努力工作,又能获得实惠,只有双方合作共赢,才能推动企业的发展。

总　结

如何通过股权激励让员工与公司成为命运共同体?

第一,可以通过动态股权激励制度,自动筛选和留住那些真正能对公司发展持续做出贡献的人。

第二,可以通过股权激励的 10D 模型,厘清这 10 个问题,制定本公司的股权激励制度:

1. 定目的

2. 定对象

3. 定模式

4. 定载体

5. 定数量

6.定价格

7.定时间

8.定来源

9.定条件（股权激励授予条件和行权条件）

10.定退出机制

实战练习

你们公司有股权激励计划吗？如果有，可以思考一下，如何让股权激励"活"起来。如果没有，也可以思考一下，公司当下是否需要股权激励？

特殊贡献激励
如何让员工愿意挑战重大艰难任务

在本章前几节,我们讲了薪酬激励、绩效激励、福利激励、股权激励,这些都属于常规的分钱方式。

而我们所处的时代,被人们贴上了"VUCA"的标签,就是说,我们这个时代是多变的,充满了不确定性,而且变化是复杂的,连变化的影响范围都是模糊的。

因此,我们会看到很多企业年初制定的目标,也许半年后就不适用了,总是会有各种突发状况。比如,公司遇到一个很好的销售机会,怎么让大家一鼓作气、全员发力,突击完成业绩;比如,出现一个新的市场机遇,需要有人披荆斩棘、开疆拓土;比如,公司要拼命抢占市场,销售却藏起业绩慢慢"吃",怎么办?这个时候应该怎么激励?

接下来,我将就这三个场景为大家一一破解。

第一个场景:如何让大家一鼓作气、全员发力,突击完成业绩?

先跟大家分享一个真实的客户案例:

有一次,我的一位企业客户,说双11活动快到了,他们定了一个销售目标,属于需要大家拼尽全力才能够得着的那种目标,有什么办法能调动销售人员的积极性,让大家完成目标呢?

于是，他就问我，要不要提高提成比例，通常提成比例提上去就下不来了，成本会增加很多，但如果不提高提成比例，又怎么激励大家在这段时间想尽办法完成目标呢？

其实，我们完全可以为双 11 活动单独做一个激励政策。当时，我们是这么操作的：

在规定时间内，完成销售目标 500 万元，如果达成目标，再额外拿出总业绩的 2%作为奖金，也就是 10 万元。当目标完成 80%以上时，这个奖项就可以生效，当完成 80%~95%时，奖励总业绩的 1%；如果完成总业绩的 95%以上，就能拿到 2%的全额奖励。

这奖金怎么分呢？注意，可不是全员分，只有前三名可以分，而且是冠军 70%、亚军 20%、季军 10%。

也就是说，10 万元奖金，冠军拿 7 万元，亚军拿 2 万元，季军拿 1 万元。

你可能会问了，冠军和季军之间为什么要有这么大的差距呢？能不能把差距拉小一点？

不能！我们就是要把差距拉开。

因为我们需要打破经济学上一个很重要的法则——"边际回报递减法则"。具体来说，就是在其他影响因素都不变的情况之下，每多投入一分努力，所获得的回报是边际递减的。什么意思呢？我举个例子来说明一下。

我要参加某一门考试，不复习的话，我只能得到 40 分。如果花十天的时间来复习这门课，我可以考 80 分，也就是十天时间的努力，其回报是 40 分。如果接着投入十天时间继续复习，也许回报只有 10 分，即总分可以考到 90 分。接下来，我即使投入大量的时间来复习，分数增加的幅度也会大大减缓，相比之前，获得的回报是大大减少的。

所以，只有拉开与前面名次回报上的差距，才会有人愿意在极致状态下，还坚持努力。

比如，高尔夫最高级别的比赛，美国巡回赛中的联邦快递杯比赛，第一名的奖金是 1000 万美元，第二名是 300 万美元，第三名是 200 万美元，也是这个原理。

所以，当我们把这个规则制定好以后，团队销售都不甘心当老二，每天都有新的惊喜。每天在公司群里发布战报、公布业绩和排名。在复盘的时候，客户跟我说，那段时间他的感受就是，乾坤未定，你我皆是黑马。大家仿佛都被激活了一样，十八般武艺都使了出来。

当然，光有这个规则还不够，为了促进团队合作，我们又设置了一个业绩对赌规则，操作方法是这样的：

每个销售团队负责人跟总部进行业绩对赌，团队负责人个人拿出 1000 元，总部拿出 1 万元，如果完成团队目标，1 万元就作为团队奖金；如果没有完成目标，1000 元就归公司总部所有。而且是否参与对赌，销售团队负责人自己决定，可以自愿参与。

这个游戏规则几乎让所有团队都参与了业绩对赌。因此，大家不仅关注个人业绩的完成情况，也非常关心团队业绩是否完成，就像玩游戏一样，我们团队不能输。

经过这两个规则的推动，最后目标完成率在110%以上。

这就是针对特殊贡献的特殊奖励，既不打乱现有的规则，又能达到激励的效果，同时还能为公司筛选优秀人才。

第二个场景，也是很多企业头疼的问题：如何激励员工开拓新市场？

比如，你计划把产品铺满全国，鼓励销售去南京、太原开拓市场，但是大家都愿意去南京，没人愿意去太原。

为什么？太原的市场远不如南京大，就算销售再努力，按照提成制，奖金收入也必然会大幅下降。在巨大利益落差面前，动情讲理对员工的作用很小。而在当地招人，由于新人不了解公司的情况，很难出业绩。

那怎么做呢？我们可以通过奖金制的方式来解决，具体操作方法如下。

可以为每个城市设定不同的销售指标，用销售指标的差异对冲城市发展的差异。比如，南京的年销售指标是100万元，因为城市发展差异，太原是50万元。也就是说，如果一名销售在南京一年能卖出100万元的产品，他在太原只要能卖出50万元的产品，就能获得同样的收入。

内在的逻辑就是，想把销售往哪里调配，只需要调低那个地方的销售指标就可以了。

引入销售指标后，富裕地区的销售不会占便宜，贫困地区的销售也不会吃亏。决定收入的，只有能力和努力。

那奖金怎么设计呢？可以设计激励系数。如果奖金和工资的比设为2∶8，则基本没有激励效果；如果设置成8∶2，则激励系数太高，销售的行为会扭曲。你可以把激励系数定为4∶6，即设计6万元的基本工资，4万元的奖金。销售不管在南京卖出100万元，还是在太原卖出50万元，都可以拿到4万元奖金。

当你把这种"奖金制"引入公司，并根据城市发展差异给每个城市设定销售指标时，销售们就会纷纷请命去开拓新市场了。

奖金制和提成制的本质差别，是引入了"目标管理"的理念：员工收入与公司收入无关，只与完成目标的程度有关。

那么，从提成制改为奖金制，有哪些需要注意的地方呢？

第一，目标设置需要合理。管理者在掌握了"目标管理"的权力后，特别需要注意一点，不能把目标"挂"到月亮上去，因为过高的目标反而会让员工丧失斗志。

第二，奖金不能均匀分布。要把奖金分布在60%~100%的完成度之间。也就是说，目标完成60%以上，才能拿到相对应的奖金，如果销售连60%的目标都完成不了，说明他领任务的时候就没想过要完成。

这就是通过奖金制，让销售去开疆拓土的激励方案。

第三个场景，也是很多销售团队经常会出现的问题，那就是，公司要拼命抢占市场，销售却藏起业绩慢慢"吃"，怎么办？

很多销售在完成当季指标后，会劝说客户推迟购买，来冲抵下季度的销售指标。这似乎已经成为惯例，但是这样的惯例，对于正处于抢市场中的公司来说是非常不利的,那应该怎么办呢?

可以试试"超额奖励"方案。

一个好的"超额奖励"方案至少包括以下三个部分。

第一部分,加速奖金。

什么叫加速奖金?就是用平价收完"公粮"之后,用高价收购"余粮"。

也就是说,销售在完成当季业绩指标之后,超出的部分业绩要高额奖励。比如,100%~140%之间的超额业绩,要发160%的奖金,即指标外的奖金增速是指标内的1.6倍。这样,销售才不会把业绩放到下个季度,因为不划算。

第二部分,季度指标。

既然要高额奖励每季度超出的业绩,那么就要清晰地定义每季度合理的业绩指标。

比如,南京全年销售额为100万元,那么每个季度的业绩指标是25万元吗?当然不是。春节放假,第一季度销量会比较低;国庆、双11有促销,第四季度销量会增多。因此,销售指标在四个季度上一定不能均匀分布。你可以根据过往的销售数据推算出每个季度合理的业绩指标,只要业绩超出本季度指标,公司就会对超出的部分业绩给予高额奖励。

第三部分,奖金封顶机制。

如果能拿100%奖金,销售会努力;如果能拿200%奖金,他会超级努力。那么,如果能拿300%的奖金呢?他的行为可能就会扭曲了,甚至会欺骗客户和公司。比如，把其他季度的业绩都囤积起来，全部当成某个季度的业绩，来换取高额奖金。

那怎么办呢？可以设定200%奖金封顶，防止扭曲行为和意外状况。

这就是超额奖励，它本质上是一种员工富余能力的"释放器"。

其实，并没有完美的管理制度。这三种奖励规则需要根据企业的具体情况来选择或者改进，因为管理激励是随着企业一起成长的生命体。

总　结

在常规激励无法覆盖到的地方，我们可以采取特殊贡献激励进行补充，以此来激励员工愿意挑战重大艰难的任务。

我给你分享了三个案例，分别适用三个场景：

第一个场景，如何让大家一鼓作气、全员发力，突击完成业绩；

第二个场景，如何激励员工开拓新市场；

第三个场景，公司要拼命抢占市场，销售却藏起业绩慢慢"吃"，怎么办。

特殊贡献奖的意义在于，让真正做出贡献的人不受委屈。就像华为所倡导的一样："以奋斗者为本，绝不让雷锋吃亏。"

你们团队有哪些新的项目或目标，需要采用特殊贡献奖来激励呢？

第四章

氛围激励

激励的更高境界是激励于无形。

这一章我们讲氛围激励。为什么要讲氛围激励？因为人是环境的产物，我们不可能独立于环境而存在。环境可以塑造一个人，同时可以吸引相似的人。

那作为管理者，究竟需要营造什么样的氛围，这取决于你想要打造什么样的企业文化。

什么是企业文化？企业文化是一个组织共有的价值观、处事的方式和信念，以及特有的行为模式。

作家梁晓声对文化是这样解读的，他说，文化是根植于内心的修养、无须提醒的自觉、以约束为前提的自由、为别人着想的善良。

所以，如果说规则像法律，那么文化就像道德。规则无法到达的地方，文化可以。

在这一章，我将为你提供 10 种氛围激励的方式，希望能够帮你找到氛围激励的法门。

使命愿景激励
如何让员工把工作当成自己的事业来干

常有人问："企业一定要有使命和愿景吗？"这和"人一定要有梦想吗？"是一个问题。

美国黑人民权运动领袖马丁·路德·金发表的最著名演讲是《我有一个梦想》，他说："我有一个梦想，有一天，我的四个孩子将在一个不是以他们的肤色，而是以他们的品格优劣来评价他们的国度里生活。"

个头矮小、其貌不扬的马丁·路德·金，并不是总统，他没有权力，但他却影响大家，激励大家，引发了数百个城市的黑人运动，从法律上正式结束了美国黑人的被歧视地位。

企业也一样。很多企业思考的问题，自始至终都是"怎样赚钱"，却很少思考"为什么赚钱"。如果把"赚钱"当梦想，那么每个员工就会仅仅思考如何实现个人利益最大化，偷懒、腐败可能防不胜防。所以，作为老板，一定要想清楚，到底什么才是自家企业的梦想。

把梦想当成目标，把赚钱当成结果，一家企业才可能是万众一心、富有战斗力的伟大企业。

只有你理解了企业为什么要有诗和远方，我们才能接着谈这个"诗和远方"的两个部分：使命和愿景。

首先，我们了解一下使命和愿景有什么区别？

使命是什么？使命是在回答为什么我们存在、我们为谁创造价值？它一定是从一个利他的角度来回答这个企业存在的意义，是由外而内的。

而愿景是我们在背负使命、完成使命的基础上，希望自己成长为一家什么样的公司，是由内而外的。

所以，使命是利他的，我要为别人创造什么样的价值；而愿景是利己的，我希望成为一家什么样的公司。

听起来有点抽象，我给大家举几个标杆企业的例子。

阿里巴巴的使命是让天下没有难做的生意，愿景是成为一家活102年的好公司。

小米的使命是始终坚持做"感动人心，价格厚道"的好产品，让全球每个人都能享受科技带来的美好生活；愿景是和用户交朋友，做用户心中最酷的公司。

所以我们看到，使命是一个非常长远的目标，甚至是一个你永远没办法完全达到的目标，就像灯塔一样。

而愿景是什么？愿景通常是有一定时间周期的，很多公司会以10年、15年或者20年作为一个阶段性愿景的周期。所以，使命通常是不变的；而愿景，我们可以去做一些迭代。

好的使命和愿景有哪些特征呢？

第一个特征是：**引发核心团队刻骨铭心的认同感。**

有一年，马云带队去硅谷参观，当问到Google公司最大的竞争对手是谁？CEO居然回复了一句，我们公司最大的竞争对手是NASA。

NASA是什么机构呢？是美国航空航天局。当时马云一听，很好奇地问，一个民营企业，怎么可能跟NASA是竞争对手？

CEO说，因为NASA会抢走谷歌的人才。如果与Facebook和苹果抢人才，则大家互有胜负。但是Google公司的工程师收到NASA的邀请，我们几乎招架不住，而且NASA给出的薪酬比我们给出的薪酬要低很多。

所以，谁和我抢人才，我还很难对付，谁就是我最头疼的对手。

于是，马云百思不得其解，问为什么？

CEO 说，因为 NASA 的使命和愿景足够吸引人，把我们核心的优秀人才吸引走了。

那我们就来看看 NASA 的使命是什么，NASA 的使命是：理解并保护我们赖以生存的行星，探索宇宙，找到地球以外的生命，启示我们的下一代去探索宇宙。

被这个使命吸引去的人才，都是什么人才？都是特别有梦想、特别纯粹的人才，真的希望能够为人类做出贡献的人才。所以，他们进入 NASA 以后的工作状态是不舍昼夜，全身心地投入工作，为 NASA 创造了很多技术上的奇迹。

这就是宏大使命的力量，能够吸引更多跟你同频的人，一起完成这个使命。真正的使命无法模仿，更无法抄袭。

马云深受启发，回来就跟团队共创，这才有了"让天底下没有难做的生意"这个了不起的使命。

第二个特征是：能够简单易记，而且有很大的想象空间。

尤瓦尔·赫拉利在《人类简史》中表达了一个非常重要的观点：想象力成就人类，共同的想象意味着强大的力量。

任何一个组织都希望基业长青，构建可持续发展的长期核心竞争力。也就是，如果组织可以一直引导用户和利益相关者形成共同想象，去洞穿时间和阶层，洞穿变化的环境，穿越混沌和模糊的周期，那么它就可以实现可持续发展。这个共同想象的原点就是使命，一个组织对自己存在意义和价值的思考与呈现。

第三个特征是：能够跟员工的个人使命和愿景产生链接，产生共鸣。这是团队凝聚力的核心。

第四章 氛围激励

当年华为刚刚起家的时候，还是名不见经传的小公司，为了吸引清华大学博士郑宝用，任正非费尽心思，最终打动郑宝用的是，华为想做出中国人自己的交换机，摆脱对国外产品的长期依赖，名扬海外。这引起了郑宝用强烈的共鸣，这就是他想干的事业，最终，郑宝用成为华为的二号员工，在很多技术决策的关键时刻，起到了决定性作用。以至于任总在很多公开场合表示，一个郑宝用可以顶1万人。

如果没有使命和愿景，员工会觉得我是为老板打工；而老板会说，如果不是为了养着你们这帮员工，我早就不干了；这种对双方责任心的绑架，让大家都非常累，这也难怪，老板会天天哀叹"人心散了，队伍不好带啊"。其实，最好的方式是：老板不是为了员工，员工也不是为了老板，而是我们朝着共同的使命和愿景一起努力奋斗。在找到使命的那一刻，最妙的一点在于，使命会长久地解决公司的动力问题。

所以，管理人的最高境界是靠信仰，你从来不可能真正激发一个人，你只能给他一个理由，让他激发自己。这个理由就是，让他找到自己为之奋斗的使命。

那如何确定公司的使命和愿景呢？可以通过一系列问题帮助你找到答案。

关于团队的使命，有五个问题可以帮助团队去深入探寻。

第一，为什么世界上有必要存在我们这家公司？

第二，我们致力于为客户，或者所在的行业，或者社会大众，带来什么样的价值？

第三，我们的客户是谁？客户的需要是什么？我们满足客户的方式是什么？

第四，回想一下当年创立这家公司之时，我们的初心是什么？

第五，我们之所以能够一路发展到现在，在过去这些年，当我们在业务决策中面临两难选择的时候，是基于什么做判断和决策的？

这五个问题，能够帮助团队去挖掘、探寻内心，找到团队真正的价值和意义，最终找到团队的使命。

而关于团队愿景，我们主要思考的方面是：在可见的未来，我们希望成为一家什么样的公司？

可以分两个方向讨论：

第一，我们宏伟的、激动人心的、胆大包天的目标是什么？因为愿景是一个10年以上的目标，所以它一定不是你现在觉得大概率能实现的计划，而是一个胆大包天的计划。

第二，我们希望成功的样子是一幅什么样的蓝图和画面？这个蓝图和画面越清晰越明确，对团队的牵引指向作用就越大。这里需要包含我们的行业地位、业务布局、规模、口碑等关键元素。

在团队内部发起关于使命和愿景的讨论，可以帮助你找到企业真正的使命和愿景。下面我来分享一个案例。

我们辅导过一家企业，是做跨境出口电商业务的，准确来讲，是一家类似于代运营的企业。中国有很多给国外品牌做代加工的工厂，产品质量都非常不错，但是这些代工厂利润非常微薄，因为大头利润都被品牌商赚走了。

这家公司看到了其中的机遇，去跟国内的代工厂谈：你的产品不错，我帮你包装成一个品牌，直接卖给海外的个人消费者，你的利润会高很多。于是，很多代工厂跟这家公司合作，形成了联合运营的业务，这就是这家公司的营利模式。

当我们在还没有讨论使命和愿景的时候，整个团队都认为，这家公司就是一个卖货公司，帮工厂去卖货，似乎没有什么太崇高的意义和目标。

但是当团队花了一天一夜的时间去共创时，一起讨论我们到底为什么会存在？我们的使命是什么？我们长远的愿景是什么？当研讨出公司使命和愿景的时候，发现整个团队，特别是核心的高管团队，他们的眼睛都亮了。

当时探讨出来的使命是"帮助中国制造夺回海外定价权"。这句话非常铿锵有力！

帮助中国制造，就是帮助这些代工厂，夺回本属于我们的价值，夺回海外定价权，因为我们能够帮助他们包装品牌，直接卖给海外的个人消费者，所以产品的定价会更高，利润空间会更大，这就是这家公司的使命。

探讨出来的愿景是"我们希望成为一家领先的跨境电商综合服务平台"。

我们不只是一家专注于自己卖货的公司，更希望通过不断地卖货，积累大量的经验，然后搭建一个平台，让更多的工厂、更多的中小卖家可以在这个平台上成为跨境电商。

这个愿景简单一点表达就是：公司要成为跨境电商领域的淘宝。

当大家确定了使命和愿景后，整个团队的士气一下子就不一样了，大家都非常期待、非常憧憬一起去奋斗，这就是好的使命和愿景的作用，在找到之后，会给团队带来巨大的能量和动力。

因为知道自己为什么而战的士兵，是不可战胜的。使命和愿景回答的正是这个问题。

总 结

如何通过使命和愿景激励，让员工把工作当成自己的事业来干。

好的使命和愿景有哪些特征？

第一个特征：引发核心团队刻骨铭心的认同感。

第二个特征：能够简单易记，而且有很大的想象空间。

第三个特征：能够跟员工的个人使命和愿景产生链接，产生共鸣。

如何确定公司的使命？可以通过五个问题帮助你探寻答案。

◎ 为什么世界上有必要存在我们这家公司？

◎ 我们致力于为客户，或者所在的行业，或者社会大众，带来什么样的价值？

◎ 我们的客户是谁？客户的需要是什么？我们满足客户的方式是什么？

◎ 回想一下当年创立这家公司之时，我们的初心是什么？

◎ 我们之所以能够一路发展到现在，在过去这些年，当我们在业务决策中面临两难选择的时候，是基于什么做判断和决策的？

如何确定公司的愿景？

在可见的未来，我们希望成为一家什么样的公司？

◎ 我们宏伟的、激动人心的、胆大包天的目标是什么？

◎ 我们希望成功的样子是一幅什么样的蓝图和画面？

实战练习

真诚地邀请你，带着自己的团队好好探讨一下使命和愿景的七个问题，未必一下子就能够找到非常激动人心的使命和愿景，但这是一个非常重要的探寻过程。

价值观激励
如何让员工的思想和行为跟公司保持高度一致

提到价值观,我先来分享一个案例。

我有个朋友在万科工作,他刚刚加入万科不久,有一次他被合作伙伴邀请去讲课,请他分享一下自己的经验和心得。当时,他特别忐忑,于是问自己的上级主管:我在讲课的过程中,如果被对方问及一些很敏感的问题,该怎么回答?什么问题能答,什么问题不能答?

然后他的主管就告诉他,不能放到台面上说的事情就不能做。如果你讲的每一句话,你都敢坦坦荡荡地回来跟你的上级原封不动地讲,那你所讲的话就没事,就这么一个原则。

这就是万科价值观中的一条,叫作阳光照亮的机制。但凡你拿不到台面上说的,你就不要做。你想象一下,在万科这个庞大的组织里面,每天有多少事情需要去判断、去选择、去决策,而价值观就是做事情的衡量标准,当员工有了这么一个做事情的衡量标准时,他就不需要遇到任何事情都跑来问,领导这个事情能不能做。所以,用价值观来管理可以弥补规则的漏洞,是非常高效的。

价值观是什么呢?价值观就是为了达成使命和愿景,组织做事情的原则,做什么不做什么,先做什么后做什么,乃至对何为真、何为善、何为美的理解。

如果说规则是法律，那么价值观就是道德，价值观没被写在法律中，却是大家都会遵守的道德底线。就像孝顺父母，没被写在法律中，但是大家都会自然而然地去做。

每一家公司都有自己的价值观，而且所有公司的价值观，最初其实就是创始人的价值观。很多公司的创始人不知道自己的价值观是什么，公司墙上贴的标语和真实的价值观是不一样的。

那怎么知道自己真实的价值观是什么呢？有一个方法，就是去找一个跟你没有什么利益关系，但是你非常信任的好朋友，你就像面试一样去问他：你觉得我是一个什么样的人？注意，这里你需要刨根问底，像调查证据一样问对方，我曾经做过什么样的事情，让你觉得我是那样的人。

同时，你需要好好回顾一下，你过去做的非常重大的选择，比如，你在一个极大的诱惑或者极大的代价下做出来的选择，这个选择其实代表了你的价值观。

所以，如果你是老板，不管是否跟你的员工讲你的价值观是什么，你的员工都可以感受到，因为你的选择就是你的价值观。你说了什么不重要，做了什么才是你的价值观。价值观绝对不是那种虚无缥缈的东西，而是会体现在每个人的行动和思维习惯里。

那价值观有什么用呢？我们为什么要去梳理出自己的价值观？

我跟你分享一个案例，相信听完之后你会得出答案。

有一家健身机构叫超级猩猩，在全国有几百家门店，他们的使命是影响更多人，让更多人健身，成为一个世界级的伟大品牌。

他们的教练在近 5 年的时间里流失率几乎为 0，而同行的平均流失率大概是 30%。很多人不理解，为什么超级猩猩的教练就这么死心塌地，是不是他们给了教练很高的薪酬？其实并没有，他们给的薪酬就是行业的平均标准，甚至有很多同行愿意掏 1.5 倍的薪酬来挖他们的教练，都挖不走。

有一次听超级猩猩的创始人分享，就讲到了其中的奥秘。超级猩猩有三条价值观，只有六个字，叫作公平、正义、诚实。

每一条价值观的背后都有自己的故事，比方"公平"，这条价值观是怎么来的呢？

这要从教练的课时费说起。他们的教练课时费分 120 元、150 元、180 元和 200 元四个等级。当他们的门店数量达到 10 家店左右的时候，就有教练开始问，我的课时费 150 元是怎么定出来的？我什么时候可以变到 180 元？为什么我是 120 元，而他是 150 元？

当时超级猩猩的创始人想了一个问题，她说，自己在打工的时候，最关心的问题就是我的工资是怎么定出来的？我的工资什么时候涨？我的工资合不合理？我干的活，老板有没有看到？这是一位员工最基础的需求。我最反感的就是老板拍脑袋、凭感觉来发工资。现在既然自己创业，我一定要创建一家公平的公司。

而那个时候他们本来准备开足马力在全国铺开店面，快速占领市场，这对于处于扩张期的他们来说，非常重要。但是，因为教练的课时费问题，他们当时做出了一个决定，把开店的事放一放，先花时间花精力做出教练的薪资系统。搞了几个月，终于做出来了，而且这个系统一直用到今天。

这套薪资系统的算法意味着什么？意味着他们的教练从那一刻开始，所有上课数据一目了然，不用跟任何人讲，薪酬会自动算出来。按照你的评分，你的排名在所有教练中处于哪个区间；未来三个月，你每节课的课时费是多少；有多少人在你前面，多少人在你后面；在你前面的人，数据上哪里比你好……所以，从那以后，再也没有教练员来跟他们争论，问薪酬是怎么定出来的。

换位思考一下，这其实是一个很艰难的选择。那个时候正是公司扩张的关键时期，如果不做这个排名系统，就有更多时间去开店，可以让生意的规模快速增长。况且，那时候教练就几十个，问题也好解决，只要把大家找过来沟通一下就行了。但是，在他们看来，公平是他们很看重的问题，所以即便人少，他们也要创建一套公平的算法，而且要彻底解决薪酬问题。

而这个做法带来的好处就是，教练非常有安全感。

超级猩猩的创始人经常会找一些特别敢说话的教练，问问他们，公司有什么地方是可改进的？而教练也真的特别敢说，滔滔不绝地"吐槽"公司。他们为什么敢？因为他们知道，不管怎么说，都不影响自己的收入。这，就是公平。

这就是他们所践行的价值观，在面对具体事情的时候，价值观为选择和决策提供了依据。

那么既然价值观这么重要，我们应该怎么提取公司的价值观呢？

我曾经帮助很多公司找到了自己的价值观，方法不复杂，可以通过共创的方式进行。就是召集公司的核心成员，一起讨论这么两个问题：

第一个问题，我们公司提倡的是什么？

第二个问题，我们公司反对的又是什么？

有人说：我们提倡要说到做到。还有人说，我们反对以大压小，靠权力控制员工。还有人说，不能找借口。

整个公司你一言我一语，大家把应该做什么，提倡做什么，都写出来；再把我们反对的是什么也都写出来，最后合并同类项，找到大家投票最多的，公司的价值观就会自然而然地浮出水面。更重要的是，这是大家一起提取出来的，是每个人都认可的行为准则。

那价值观确立之后应该怎么传承呢？怎么确保在传播的过程中不被稀释呢？

没错儿，价值观的传承绝对不是靠口号上墙，靠的是上行下效，靠的是一次次行为的强化。

我给你分享几个方法。

第一，可以把价值观纳入你的考核体系中。

我们在第二章分享过阿里巴巴的价值观考核指标。阿里巴巴有六大核心价值观，被称作"六脉神剑"，分别是：客户第一、团队合作、拥抱变化、诚信、激情和敬业，如表2-1所示（见92页）。可是价值观总被认为是"虚"的，那怎么把"虚"的内容做"实"呢？这就要把价值观翻译成具体的行为。

例如，关于"客户第一"的考核，评价标准从1分到5分：

1分的标准是：尊重他人，随时随地维护阿里巴巴的形象；

2分的标准是：微笑面对投诉和受到的委屈，积极主动地在工作中为客户解决问题；

3分的标准是：在与客户交流的过程中，即使不是自己的责任，也不推诿；

4分的标准是：站在客户的立场思考问题，在坚持原则的基础上，最终达到客户和公司都满意；

5分的标准是：具有超前服务意识，防患于未然。

当你把"客户第一"分解成这五个行为标准时，只需要把员工的行为进行对标就可以了。更重要的是，抽象的价值观有了具体的样子，员工也知道该往哪个方向努力。

在阿里巴巴内部，管理层级越高，对价值观的考核比例越高，有的管理岗位价值观考核占比达到了50%，因为在阿里巴巴看来，上梁不正下梁歪，如果高管的价值观出现问题，那么整个团队会全军覆没。

当然，这个方法适合于一定规模的企业，如果你的团队只有几个人，就没有必要这么复杂了。

第二，不要放过任何传播价值观的机会。

你可以在新员工入职培训、公司年会、公司网站、日常开会等各种场合向大家传播公司的价值观。

比如，任正非就曾经在华为内部以画励志，他亲自选了三幅画在华为内部宣传价值观。

第一幅画，是芭蕾舞演员的脚，如图 4-1 所示。一只脚穿着唯美的芭蕾舞鞋，另一只脚却伤痕累累。他想通过这幅画告诉华为人，所有光鲜的背后，必定是外人无法获知的伤痛和辛酸，想当舞台的王者，必定要经历千锤百炼。正如，罗曼·罗兰所言："伟大的背后都是苦难！"

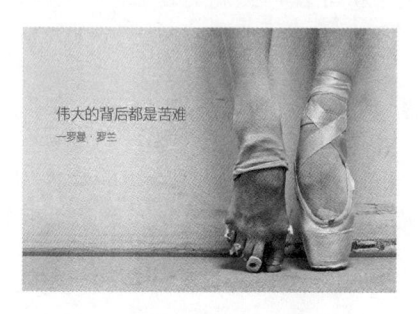

图 4-1　伟大的背后都是苦难

第二幅画，是华为食堂里张贴的一幅让人泪目的宣传画，如图 4-2 所示。那是二战期间，美国记者拦住一名奔赴前线的中国士兵，与这位士兵的对话：

美国记者：你多大了？

中国士兵：16 岁。

美国记者：想你的家人吗？

中国士兵：他们已经死了。

美国记者：你觉得中国能胜利吗？

中国士兵：中国一定会胜利的。

美国记者：当中国胜利之后，你准备干什么？娶妻生子？还是继续参军？

中国士兵笑了笑：那时候，我已经战死沙场。

在这名中国士兵平静话语的背后,是视死如归的意志,是悲壮但必胜的信念。任正非说,这不正是我们华为今天的时代精神吗?!

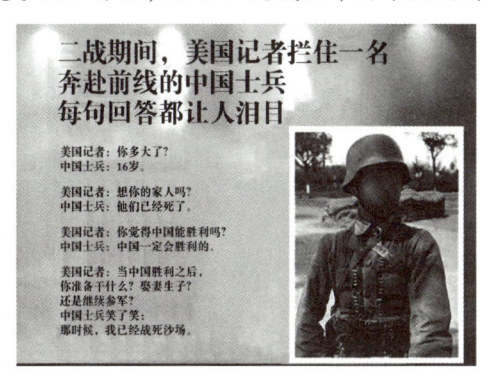

图 4-2 中国一定会胜利的

第三幅画,是一架二战时期的轰炸机,如图 4-3 所示。这架飞机被打得像筛子一样,但它仍然在天空中飞翔,螺旋桨仍然在旋转,最终安全返航。彼时的华为正陷入两难困境,任总通过这幅画想表达的是,"没有伤痕累累,哪来皮糙肉厚,英雄自古多磨难"。这幅画给人带来深深的震撼,更给予了华为人面对困难的勇气。

图 4-3 "没有伤痕累累,哪来皮糙肉厚,英雄自古多磨难"

其实，这是在传达企业的价值观，生动形象。当然，你也可以把价值观写成故事、做成视频等，用各种形式呈现在大家面前。总而言之，价值观的传递一定不是挂在墙上的标语，而是通过各种形式，进入员工的心、员工的脑，让员工做事、干活都带着对价值观的思考。

第三，选拔跟团队价值观同频的人，甚至比培养更重要。

一个成年人的价值观是用他过去几十年的经历打磨出来的，所以想要改变一个人的价值观是一件很难的事情。因此，我们在招聘的时候，就要选择和公司价值观一致的人。

第四，新老员工的比例保持"三七原则"。

也就是说，70%老员工，30%新员工，新员工的比例不能超过老员工的比例。

新员工入职以后，有老员工在他们周围，让他们耳濡目染，感受到公司的价值观。一般情况下，一个人进入公司三个月，就能感受到公司的价值观，等他们融入之后，再招聘新员工，不要一下子扩张太快。

以上就是通过价值观同频来凝聚团队的方法。

所有世界级的伟大品牌，创始人都有发自内心的、真实的、底层的价值观，影响了一群客户、同事、合作伙伴来捍卫和传播价值观，然后就会形成一个小宇宙和漩涡，吸引更多同频的人。当人越来越多的时候，大家的每一个选择、每一件事情就都变成了你们共同的记忆和情感的共鸣，就会让你们的信仰变得越来越强，变成一个非常强大的惯性,去共同实现你们的目标。

所以,所有世界级的伟大企业,都是一个有信仰的共同体。不管是使命、愿景还是价值观,都在吸引优秀的人靠近;而吸引,是更高级别的激励。

总　结

应该怎么提取公司的价值观?

通过共创的方式,召集公司核心成员,一起讨论这两个问题:

第一个问题,我们公司提倡的是什么?

第二个问题,我们公司反对的又是什么?

如何来传承价值观?有四个方法:

第一,把价值观纳入你的考核体系中;

第二,不要放过任何传播价值观的机会;

第三,选拔跟团队价值观同频的人,甚至比培养更重要;

第四,新老员工的比例保持"三七原则"。

实战练习

你们公司的价值观是什么?它是挂在墙上的,还是藏在行为里的?运用今天学到的方法来梳理一下吧。

人才密度激励
如何让优秀人才相互激励

曾经有企业老板问我，怎么才能招来顶尖高手，而且招来了，怎么留得住？因为我们之前花重金找猎头挖来的牛人，都待不长就走了。

我大概了解了一下他们企业的状况，发现大部分员工能力不强，人浮于事，单靠一两个牛人是改变不了整体状况的。就好像一个球队，只有一两位明星球员，其他球员的水平都一般，明星球员也发挥不了战斗力，时间久了，明星球员也会离开。这也是为什么无法留住空降的优秀人才的原因，需要提升的是整个团队的人才密度。

那什么是人才密度呢？它有一个计算公式：

人才密度=高度符合岗位要求的员工人数/团队总人数

得出的结果就是人才密度，这个值越大，说明人才密度越高。请注意，增加人才密度不是说你们公司都要招特别优秀的人，而是要招那些岗位匹配度高的人。

那么是不是每一个岗位都要高人才密度呢？不一定。

当你的企业资金有限时，你要找到决定业务生死关键点的几个岗位，尽量增加这些岗位的人才密度。比如，有的企业营销人才是关键，有的企业技术人才是关键，这主要由企业发展阶段和目标决定。

美国奈飞公司在增加人才密度方面的发现，给我们带来了很大的启发。

奈飞公司是一家会员订阅制的流媒体播放平台，类似于中国的爱奇艺、腾讯视频等。奈飞公司上市18年，股价已经从1美元涨到了556美元，它的作品更是获得了300多项艾美奖和多项奥斯卡金像奖。

但是，在这些辉煌背后，奈飞公司曾经遭遇过一场大危机。当时，互联网经济泡沫破裂，导致公司的运转变得艰难，于是他们不得已开除了三分之一的员工。结果，留下来的这三分之二的人，工作量一下子增加特别多。当时，他们就很担心，觉得这下麻烦了，大家肯定会有很多意见。

但是没想到，公司里的人不仅没意见，还干得非常带劲，充满激情和活力，甚至提出了很多创意和想法。老板就有点不理解，于是找到人力资源总监，想问清楚原因。

人力资源总监说了一句特别重要的话，他说，因为我们增加了人才密度。就是那些相对糟糕的人走了，这个团队内部剩下的都是厉害的人，都是积极的、能干的人。虽然员工总数少了，但人才密度更高了。

奈飞公司还总结，如果你的团队里有两个糟糕的员工，会产生什么效果？

第一，表现欠佳的员工会大量消耗管理者的精力，以至于他们没有时间把精力放在优秀员工身上。

第二，当团队的人才密度不够高时，团队讨论的质量得不到保证，会拉低整个团队的讨论水平，致使工作效率低下。

第三，表现欠佳的员工甚至会排挤那些追求卓越的员工。比如，你在加班，有一个人走过来跟你说一句，你不就是想在领导面前表现吗？你想想，这会给人带来什么感受。

第四，当你作为管理者接受了这种情况的存在时，就是向团队表明，你作为领导人能够接受平庸。这个问题就更严重了，会导致公司整体水平的下降。

这就是一个团队里，糟糕员工会给团队带来的负面影响。

所以，我非常认同奈飞公司的一条理念。他们认为，一家公司能给员工的最佳福利，不是炫酷的团建活动，也不是茶水间好喝的咖啡，而是招募比他们还要优秀的员工，让员工可以和行业内最优秀的人一起工作，这才是最好的员工福利。

同样地，对于优秀员工而言，好的工作环境，并不意味着一间豪华的办公室，而在于周围全是才华横溢的人、具有合作精神的人、让你不断进步的人。如果每一名员工都很优秀，他们就会相互学习、相互激励，工作能力也会迅速得到提升。

这就是人才密度激励，让优秀人才互相激励。

既然增加人才密度这么重要，那么，我们怎么做才能增加人才密度呢？

有三个方法推荐给你。

第一个方法：管理者要敢于招募比自己强的下属。

全球著名的广告公司——奥美广告总裁大卫·麦肯兹·奥格威，有一次在开董事会的时候，他给每个参加会议的高管送了一套他从俄罗斯带回来的玩具——俄罗斯套娃。就是一个大的空心木娃娃，打开后，里面还套着一个小的空心木娃娃，再打开，里面还有一个更小的，一层层套下去，通常能有六七个。

董事会成员们打开套娃到最后一层，里面有一张字条，上面写着：你要是永远都只任用比自己水平差的人，那么我们公司就会沦为侏儒；你要是敢于启用比自己水平高的人，我们就会成长为巨人！

事实上，这是很多公司的真实现状，总经理会招募比自己弱的中层，中层会招募比自己更弱的基层，就像俄罗斯套娃一样。因为对于管理者来说，招募比自己弱的员工，好管理。但是如果一个团队的管理者就是团队的天花板，那么，管理者就是团队的瓶颈。只有管理者敢于去吸引、招揽优秀的员工加入自己的团队，才能捅破团队业绩的天花板。

对于这个问题，亚马逊有一个非常好的制度。他们在招聘新人的时候，要求每位新来的同事，至少要有一点比团队现有平均水平高。这样，公司的人才密度才会越来越高。

你可能会想：真招来比我牛的人，会不会抢我的饭碗啊？大可不必有这种担心。

一方面，你的关键任务是带团队打胜仗。你要是不能拿到胜利的战果，不管有没有牛人，你的位置都很危险。牛人来了，正好能够帮你在关键环节进行突破。

另一方面，我这里说的牛人，往往能在技术或者业务上独当一面，但是管理上未必比你更强。所以，客观上他一时半会儿也取代不了你。

所以，这样的担心对于你来说有点多余，你应该更多地思考，怎样才能招到牛人？

首先，你在招聘一个重要岗位之前，要有一个清晰的人才画像。你要问自己三个问题。

第一个问题：你现在面临着什么挑战？要解决哪些问题？

第二个问题：人来了以后要把问题解决到什么程度？当你能够回答出这个问题的时候，实际上岗位考核的标准也就出来了。

第三个问题：能解决这些问题的候选人，需要有什么特质、什么背景和经验等？

当你把这三个问题思考清楚的时候，人才画像就清晰了，这是我们在招聘人才时要做的一项很重要的工作。

其次，为了找到牛人，一定要拓宽你的招聘渠道。

如果你的公司是世界 500 强企业，可能还好。对中小企业来说，可就没那么容易了。请注意，招牛人，绝对不是招聘经理的事，而是你自己的事。要放弃守株待兔的想法，主动出击。

有三种招牛人方法推荐给你。

第一种方法，内部推荐。内部推荐是成功率最高的招聘方式。

一定要发动你的团队，让他们推荐朋友、同学或者前同事来面试。在腾讯，内部推荐率可以达到 52%。内部推荐不仅针对性高，成功率也非常高，因为没有谁比内部员工更熟悉公司，当然，如果员工愿意推荐，其实也从侧面反映了他们对公司的高度认同。

同时，作为管理者的你，要制定好内部推荐的鼓励政策，哪怕给推荐者相当于候选人一个月的工资作为奖励，也比猎头费要便宜。

第二种方法，找行业大咖推荐。

对于一些牛人，你可能都不知道他们在哪里。而且就算知道了，人家对你和你的公司的信任度也是有限的。有一个大咖做媒，性质就不一样了。所以，看看在你的行业里，有没有认识的专家或者资深高管，这些人都是可以向你推荐优秀人才的重要资源。

第三种方法，在行业论坛寻找。

既包括线下的峰会沙龙，也包括线上的社群。在这些论坛里发言、交友、参与讨论，都能够帮你有效地吸引对你的公司和行业感兴趣的潜在候选人。我的朋友曾经在知乎上，基于某个专业问题的研讨，找到了当时大疆无人机的研发总监。

这就是第一个增加人才密度的方法，作为管理者，要敢于招募比自己强的下属。

第二个方法：守门员测试。

这是帮助你判断某个员工是否是高密度人才的方法。

什么叫守门员测试呢？很简单，你就问自己一个问题："如果这个员工今天告诉你，他找到了另外一份工作，你会尽全力挽留他吗？"

这个问题很妙。如果管理者的答案是肯定的，会毫不犹豫地挽留员工，那就证明这个员工的工作表现很优秀，是组织不可或缺的人才。

如果管理者没有在第一时间坚定地选择挽留这个员工，但是在考虑之后，给出挽留的答案，那么就证明这个员工是可塑造的人才。这个时候，管理者应该思考如何激发这个人才的潜能和工作动力，这个员工也该思考如何努力，成为与岗位匹配的优秀人才。

而最后一种情况是，管理者欣然接受员工的离职申请，并松了一口气，那么就说明这个员工的表现是平庸的，是不符合团队需求的，管理者可以着手寻找下一位优秀人才，早日补位。

第三个方法：通过人才搭配让优秀的人才产生"1+1>2"的效果。

一个公司里不是厉害的人越多越好，而是要讲究优势互补。组织设计的目的就是要让平凡的人做出不平凡的业绩。

华为就是通过"狼狈计划"取长补短来搭配工作的。在华为，一把手一般都狼性十足，风风火火，不断想办法把自己的业务做大，以便在组织内获得十足的话语权，所以他们会拼命地找机会，但这样的人往往会疏于管理。这时候，二把手就可以把内部的事务管理起来，这就是狈的特点，这样就形成了一种"狼狈搭配"。

还有就是，前线的一线人员是"狼"，每天和客户在一起，一听到项目信息就马上回来，呼唤解决方案经理和服务经理"狈"，由他们提供专业的支持。

华为认为，为团队匹配全才太难了，而且即使实现了，厉害的人往往个人诉求也很高，这样的人聚在一起，竞争有限的发展机会，可能会导致团队不稳定。

有个故事，说的也是这个道理。

如来佛在庙里安排了弥勒佛和韦驮。弥勒佛总是笑脸迎人，韦驮则会理财。这两位分别管理庙时，都管不好；后来一起管理，就管得很好。如果弥勒佛和韦驮都既会笑又会算账，肯定有一个会走掉，而且找人接替还挺难，因为人才的标准提升了。

所以，管理的价值是将可获得的人才组合起来，产生"1+1＞2"的效果。

总 结

如果一个公司的人才密度够高，每个人都会在工作中努力付出，团队的合作效率高，则有利于形成优秀的企业文化，实现良性循环。

怎么增加人才密度呢？我给你提供了三个方法：

第一个方法：管理者要敢于招募比自己强的下属；

第二个方法：守门员测试；

第三个方法：通过人才搭配让优秀的人才产生"1+1＞2"的效果。

实战练习

扎心一问：如果你的下属向你提出辞职，你会尽全力去挽留他吗？好好盘点一下你团队的人才密度吧！

透明文化
如何打造团队之间的背靠背信任

我们先来做一个小测试，我描述几种情况，你来回答"是"或者"否"。

1. 有一天你无意间发现，你们团队的小伙伴又建了一个群，群名叫"老板不在"；

2. 你认为公司财务状况是秘密，只有少数高管才可以知道；

3. 你认为员工犯错了要委婉地告诉他，避免伤害他的感情；

4. 员工只有在工资发下来的时候，才知道自己的绩效评定等级；

5. 你作为老板或者管理者在忙些什么，员工没必要知道，他们做好自己的事就行了。

如果你回答的"是"有 3 个以上，那就要小心了，说明你的团队可能不够透明。

什么叫透明文化？就是指信息在组织内部自由流动。

举个例子，假如你要在两家陌生的餐厅之间进行选择，一家是透明厨房，你透过玻璃就可以看到整个操作流程；另一家却有一墙之隔，门上还挂了帘子，你看不到后厨。你会更倾向于选择哪一家就餐呢？

我会选择前者，因为透明厨房让我天然地有一种安全感，对这家店的信任度更高一些。

对于公司来讲，也是一样的，我们为什么需要透明文化？就是要降低达成共识的成本。如果你的团队内部没有一个公开透明的企业文化，达成共识的成本是相当高的，你将为此付出巨大的代价。

字节跳动的CEO张一鸣，将公司做成了万亿元市值的企业，旗下有我们熟悉的抖音、今日头条、飞书，等等，而这家企业的核心价值观中就有非常重要的一条：坦诚沟通。张一鸣本人说："能否坦诚沟通是公司团队管理的主要问题。团队中都是坦诚真实的人，沟通成本将低很多。"

00后已经进入职场，有一项调研是问，00后最讨厌什么样的公司氛围？调研结果是，00后极度厌恶办公室政治，非常看重与团队成员的真实交流。

00后是一群独立思考、理性务实、超级自信、不容易被忽悠的人，如果你想要和00后和平相处，创造未来，那么，请重视透明文化。

既然透明文化这么重要，那么作为管理者，如何在企业内部打造公开透明的文化呢？

有以下三个方法。

第一个方法：管理者要做到人前人后言行一致。

也就是说，不要在背后议论其他同事，无论批评还是表扬，都当面表达，保持坦诚沟通的状态。

我们来看这样一个场景：如果有一位下属跑过来向你打小报告，

跟你"吐槽"另外一个下属如何如何,你会怎么办?

我曾经听过这么几种回答。

有人说,把他"吐槽"的那个下属拉过来,让两个人当面对质。这会让两个人都很尴尬。跟你"吐槽"的人会觉得老板怎么回事,我来跟你说心里话,你怎么能出卖我?被"吐槽"的人就更生气了,你居然打我的小报告。

还有人说,遇到这种情况,我会严厉制止,告诉他以后不许在背后打小报告。这样的结果就是,你以后可能很难再听到真实的声音。

那正确的做法应该是什么样的?

其实,这个时候你只要问他一句话:"这件事情你跟他本人沟通过吗?我建议你先跟他本人沟通,再来找我。我不希望听到你在背后说他,就像我不希望听到别人在背后说你一样,我希望你学会自己面对面地跟他沟通。"

用这样的沟通方式,你会发现,久而久之,公司就会形成一种坦诚沟通的氛围。

对任何人、任何事有意见,当面沟通,而不是背后批评,这能有效减少办公室政治。当然,更重要的是,让团队成员很有安全感。因为他们知道,自己的任何问题,都会有人当面告知,而不是背后议论。

第二个方法:在阳光下犯错。

也就是说,每个员工都敢于说出自己在工作中所犯的错误。

在美国奈飞公司，有一名员工叫多尔曼，她是社交媒体宣传活动的负责人。有一次，她要给一个新剧的上映制造一些热度，来吸引用户的注意，于是她在网站上发布了一些信息。但没想到的是，她的这个做法引起了网民的反感，大家觉得这些信息令人生厌，而且还被媒体报道，说这是"令人讨厌的营销噱头"。事情发生以后，多尔曼看到了这种强烈反应，就赶紧想各种解决方案，打了几十个电话，写了很多公关文案，和公司的领导们一起进行危机管理。

在奈飞公司，如果你的项目或想法崩溃了，你必须跟公司分享，你哪里出了问题，你学到了什么。多尔曼就是这么做的。她为自己的失败负责，解释了她的思维过程，以及她会怎么做、解决问题的方案是什么。她这么做的结果是什么呢？她被解雇了吗？不。5个月后，她被提拔为高级营销经理；18个月后，她被任命为营销总监。

就像奈飞的创始人里德·黑斯廷斯在《不拘一格》这本书中说到的："当你把失败的赌注晒在阳光下时，所有人都赢了。你赢了，是因为大家知道可以相信你，会说真话，会为你的行为负责。而团队赢了，是因为他们从你的项目中可以吸取教训。公司之所以能赢，是因为每个人都清楚地看到，失败的赌注是创新成功的内在组成部分。"

所以，人非圣贤，孰能无过，犯了错不是问题，但是犯了错不主动解决，或者掩盖问题，才是真问题。如果我们在工作中犯了错，千万不要不好意思说，那我们应该怎么做呢？

第一步，及时坦诚自己的错误。

第二步，直面问题，尽快寻找解决方案，为自己的错误负责。

第三步，事后对自己的错误进行复盘分析，帮助其他人避坑。

当然了，我们不仅要求员工坦诚自己的错误，作为管理者的你，如果出现决策错误或者管理失误，更应该敢于把"我错了"大声说出来，这是一件非常了不起的事情。

而组织最大的成本是什么？一个组织最大的成本，是领导者的"尊严和面子"，放下面具，不端不装，这是需要历练的。当你能够把你所谓的尊严和面子放下的时候，团队之间的沟通就更接近真实了。

我记得在2017年的时候，一位股东站起来问巴菲特：

为什么你当年没有投资亚马逊？

为什么当年选择投资了IBM？

为什么你当时没有买Google的股票？

一连问了他三个为什么？

沃伦·巴菲特站出来说：投资IBM是我错了，错过亚马逊是因为我太蠢，没有买Google的股票是一个失误。一位87岁的老人，当着所有人的面说完这些话，大家都发自内心地佩服这位"股神"。

连巴菲特这么成功的投资者都会有犯错的时候，更何况是作为普通管理者的我们，所以下次认错的时候，不要有什么心理负担。

桥水基金的创始人雷·达里奥说："如果你现在不觉得一年前的自己是个笨蛋，那说明你这一年没学到什么东西。"

哲学家卡尔·波普尔也说："能够认识并承认自己错了，是证明一位科学家仍旧是科学家的标志。"

因此，作为领导者，能够认识并承认自己错了，证明你依然还是创新者。当你不断地认识到自己的问题所在，并且很坦诚地跟你的下属说时，你不仅树立了一个标杆，而且还能更好地站在一个新的格局和高度上看待自己，然后才有了自己进步和发展的空间。所以，透明文化，要自上而下地树立一种能够坦诚的榜样。

第三个方法：尽量多地公布公司真实的信息。

在这个过程中，有三类信息需要重点公布。

第一，公司目标透明。

第二，业务和流程透明。

第三，负面信息也要透明。

首先是公司目标。你可以测试一下，你们公司的目标透明吗？你在办公室随便问一位员工，问他公司年度目标是什么？半年目标是什么？季度目标是什么？看他能不能说出来，以及他说出来的跟你认为的是不是一样。结果可能会让你大吃一惊。

公司的目标，一定要抓住一切机会讲出来，而不是锁在抽屉里。如果不能深入员工的内心深处，哪怕你目标设计得再好，没有对所有人透明，那它就是一张废纸。

其次是业务和流程。你需要培养基层员工具备高层视角。因为只有当他站在高层管理者的视角来看待公司的业务时，他才能感受到自己跟所有层级、所有部门之间真正的联系，这样公司才能发现每个环节的问题和机会。每一个人都应该理解，公司的业务究竟是怎么运转的，流程是怎样环环相扣的，自己的工作是怎样影响公司利润的。

作为管理者，你越是花时间去跟大家详尽地、透彻地沟通你们的工作任务、现在面临的挑战和所处的竞争环境，你越会发现一个很神奇的现象，员工会变得越来越积极、越来越主动。因为，让他们了解更多的信息，本身就是一种很好的激励。而员工的无知，是管理者的失职。

然后是负面信息。因为世界上没有不透风的墙，当你出现了负面信息却不公开的时候，员工总会听到一些风吹草动，于是就开始揣测。本来没有那么糟糕的事情，经过他们的思维加工，就变成了一件非常复杂的事情。所以，与其让员工猜测，不如直接告诉他们发生了什么事情。

比如，在企业中，有员工主动离职，通常公司会给出一个冠冕堂皇的离职原因，说什么个人原因或家庭原因。但是，在奈飞，他们会选择向团队所有人公开这个员工离职的真实原因，比如，是因为上级没有给这个员工机会，或者员工对于内部流程不满等，并且对于公司存在的问题，会坦诚地承认，并提出改进措施。

因为即便你不去公布这些事实，最后大家依然会知道背后真正的原因；等他们知道真相的时候，他们会觉得那些试图掩盖事实真相的管理者非常虚伪。而且这样的处理方式，也会让公司管理层从这类事件中真正汲取教训。

这就是建立透明文化的三个方法，说起来非常简单，但是真正用起来也需要很大勇气。

建立透明文化，对员工是一种无形的激励，可以大大降低达成共识的成本，降低沟通成本，提高决策效率，更重要的是，能够促使员工在这种环境中形成内在动力。希望在你的团队里，时刻充满着畅所欲言的气息！

总　结

通过打造透明文化来建立团队之间的背靠背信任的三个方法如下。

第一，管理者要做到人前人后言行一致。不要在背后议论其他同事，无论批评还是表扬，都当面表达，保持坦诚沟通的状态。

第二，在阳光下犯错。让每个员工都敢于说出自己在工作中所犯的错误，特别是管理者，要敢于承认自己的错误。

第三，尽量多地公布公司真实的信息，包括公司的目标、业务和流程，哪怕负面信息也要公布。

实战练习

你的团队足够透明吗？可以尝试在团队中把你之前有所顾虑的信息来一次公布，看看团队成员的反应，看看你顾虑的结果有没有产生？

创新氛围
如何让团队建言献策、群智涌现

我先分享一个来自斯坦福大学的案例。

斯坦福大学有一位老师，给了每个学生 5 美元，让他们拿着这 5 美元去赚钱，看 2 小时内能赚到多少钱，最后给每个人 3 分钟时间，讲讲这两个小时的赚钱故事。

如果是我拿到这个题目，我能想到的办法，可能就是去批发一堆气球、棒棒糖，去闹市区卖给小朋友，看看 2 小时能卖出去多少。

但是，斯坦福大学的学生，大多数看到的不是"5 美元"，而是"2 小时"。他们把 5 美元作为交通费，去做家教、给企业做咨询，赚到了一两百美元的家教费、咨询费。

更有甚者，看到的不是"5 美元"，也不是"2 小时"，而是最后总结陈词的"3 分钟"。有人找了一家公司，把那 3 分钟卖了 650 美元，让那家公司在斯坦福大学的课堂上，给自己公司做 3 分钟的招聘广告，这可是很多企业挤破脑袋都想争取的机会。

这个故事给你带来什么启发呢？

以前，我们希望做任何事情都有充分的资源，可是有没有想过，资源本身会禁锢你的思维，你会被资源所牵引。其实，有时候抛开资源去创新，才可能有真正意义的创新！因为资源匮乏的时候，才是创新的最佳时机。

没有一家企业不想赢，没有一家企业不想一直赢。但是，如何持续胜出，如何在激烈的竞争中脱颖而出，如何打造自己的第二曲线，是摆在无数企业面前的长久难题和痛点。我们深知创新的重要性，但创新又是一件需要依靠员工自驱力和主观能动性的事情。那么，究竟怎样才能激发员工的创造力呢？

在我的职业生涯中，有一个经历让我印象深刻。那时，我作为人力资源部的负责人，要在公司推行一个新制度，在推行之前，我需要先跟公司领导确认。我记得，当时有一条奖励政策，如果技术工程师通过优化图纸设计，缩短了项目交付周期，或者降低了成本，可以给予一定的奖励。

总经理看到这一条就不同意了，他说，为什么只有奖励，没有惩罚。应该加一条，如果改了图纸以后，增加了调试困难，导致成本增加，要扣奖金。有奖有罚才是对的。

我当时也是二十多岁的年纪，血气方刚，直接就跟总经理正面"刚"起来了，我说，没有哪家企业是靠罚钱发家致富的，这个罚款不合理。

今天再回想这一幕，我忍不住会被曾经的年轻气盛给逗笑，事实上，我当时跟总经理的争论根本就没争到点子上，我完全可以心平气和地告诉他：

做得好奖励，做不好惩罚，看上去天经地义，胡萝卜+大棒，那问题到底出在哪呢？问题出在，创新是充满不确定性的，而人是趋利避害的，既然我费尽心思地创新，反而有可能带来惩罚，那我不如直接沿用之前的图纸设计就好了，简单又省事。本来是为了鼓励创新而设计的规则，但加上惩罚，大家就不愿意玩这个游戏了。于是，还没开始，创新就这样被扼杀了。

是的，创新从来都不是一个褒义词。创新是一个中性词，因为创新有可能会成功，也有可能会失败，而且大概率是会失败的。如果一家企业不允许员工犯错误，那谁还敢创新？

英国行为学家波特说：总盯着下属的错误，是一位领导者的最大错误。

通用电气的杰克·韦尔奇认为：管理者过于关注员工的错误，就不会有人勇于尝试。而没有人勇于尝试，比犯错还可怕，它让员工固步自封，拘泥于现有的一切，不敢有丝毫的突破和逾越。

而事实上，管理者在用人的时候，非常容易总盯着下属的错误，因为发现别人的错误，是证明自己聪明最有效的方法。

但管理往往就是反人性的，如果你想要鼓励员工勇于创新，就要克服盯着别人错误的天性，扔掉错误放大镜，培养允许犯错的企业文化。

在阿里巴巴，有一位经典人物，一度被称为阿里巴巴最大的"骗子"。2007年，王坚第一次见到马云，他说，如果阿里巴巴还不掌握技术，未来将不会有它的身影。接下来，王坚指出阿里巴巴在数据存储和处理方面的问题，断定未来数据处理和存储技术一定前途无量。马云听完就被王坚彻底折服，他觉得王坚比自己还懂阿里巴巴。王坚让马云承诺，每年投入10亿元，坚持10年，马云居然答应了。两年之后，王坚进入阿里巴巴，职位是首席架构师，任务是为阿里巴巴输出技术。

王坚空降阿里巴巴成为高管之后，很多人心里很不平衡，对他主持的阿里云更是不知所云，很多人质疑阿里云的前景，认为除了烧钱，不会有什么结果。

两年过去了，一点儿水花都没有，甚至有一次"双十一"活动，正值紧要关头，用户快要付款了，结果购物车里的东西都被清空了。于是，对他的争议越来越大，甚至在阿里巴巴内网上，有人直接骂他是骗子，有人说他不会写代码，应该下岗，有人说马云找王坚来就是个错误。最严重的时候，阿里云80%的工程师都走了。

但即便在这种情况下，马云仍然给予了王坚十二分的信任，他公开表示：请相信王坚，给他一点时间。一如既往地要人给人，要钱给钱。在马云的庇护下，王坚和阿里云得以继续前进。

直到2013年，阿里云与万网合并，可以为用户提供完整的云服务，云计算才渐渐被大家所接受。阿里云开始向企业出售自己的云服务，凭借过硬的产品质量，从此进入开挂模式。在全球的云计算行业中，阿里云仅次于亚马逊和微软，稳居第三。

这就是一位企业家的强大心脏，事实上在那个时候，这事儿到底能不能成，马云心里也没底，但这就是创新必须承担的风险。

每次讲到容错，就会有人站起来挑战说，我们这个行业，就是不能犯错啊，允许犯错，是要付出巨大代价的。

有一次，我看刘润老师的一个演讲，同台的有中国运载火箭技术研究院的党委书记。刘润老师就问了他这个问题：发射火箭，允许科学家犯错吗？

对方说：允许。允许科学家犯高数的错误，但不允许犯算术的错误。高数的错误，是高级错误，是创新的风险，必须允许；但算术的错误，是低级错误，完全是因为粗心，决不允许。

企业管理也一样，要区分低级错误和高级错误。允许创新带来的高级错误，不允许粗心带来的低级错误。

那么容错就一定可以带来创新吗？当然不是，那只是前提，创新有三个要素。

第一，创新要有工具。

创新不是拍脑袋，不能凭运气等着灵光乍现，需要依靠一定的方法和流程。

比如，头脑风暴就是很好的创新工具。但在具体的使用过程中，我发现大家对头脑风暴的使用方法不正确。一般就是开会的时候，领导说一句，关于这个问题，大家来"头脑风暴"一下。于是，就开始你一言我一语，稀稀拉拉地发表意见。这是把头脑风暴当成了随意的讨论，效果可能并不好。

实际上，头脑风暴要坚持四个原则。

1. 自由畅谈：一次只能有一人发言，不能交头接耳开小会。

2. 延迟评判：在头脑风暴的过程中，现场不对任何设想做评价，包括自我批评。哪怕有人说了一个天马行空的想法，你也要点点头，记下来。

3. 以量求质：用数量带动质量，鼓励大家多说。

4. 结合改善：见解无专利，鼓励综合多种见解，或者在他人见解上发挥，用点子激发点子。

这就是头脑风暴的原则。在开始头脑风暴之前，要跟大家讲清楚，形成公约。

在具体执行时，头脑风暴要遵循以下步骤。

1. 人数限制：10~20人比较合适。

2. 提出一个具体问题，并确定目标。最好是在会前把今天讨论的主题发给大家，让大家提前准备，提前思考，如果临场想的话，讨论质量会下降很多。

3. 每个人都写出自己的所有想法。注意，不要一上来就讨论，而是让每个人先在纸上写出自己的想法，避免一开始就被别人的思想干扰。

4. 等大家写完之后，就可以开始讨论了，每次只能有一个人发言，在发言的过程中不批评、不评论。

你会发现自己写的时候，只能写出几条，但是大家一起讨论之后，可能就变成了几十条。因为人的思维是有局限性的、有惰性的，这就是让大家一起进行头脑风暴的原因。在这个过程中，把大家说的所有想法都写在白板上，激发更多想法，最后把大家的想法合并同类项，统计全部想法数量。

那这些想法有多少是可以用的呢？你会发现，有40%是超常规想法，就是完全地脑洞大开，可能不太容易实现；还有40%属于常规想法；但是还有20%的想法，是真正具有创新价值的想法。

当你把所有想法都罗列出来的时候，这 20%具有创新价值的想法，才有可能被挖掘出来。

第二，创新要有机制。

几乎每个企业都说创新很重要，但重要的不是嘴上说说而已，而是你有没有给这件事安排时间，你有没有设置规则来保护创新。

比如，给创新者一定的奖励，可以是物质激励，也可以加上荣誉激励。

在海底捞，会用员工的名字来命名创新。比如，吃火锅的时候，服务员会给你发一个手机套，为了避免你弄脏手机。在海底捞，它不叫手机套，而叫"包丹袋"。因为，这是一位名叫包丹的员工发明的。这也是海底捞为什么会有这么多意想不到的服务的原因，都是员工发明创造的。

当然，我们还可以定期举行创新竞赛。这种竞赛一方面能够选拔公司好的创新项目，发现一些创新型人才；更重要的是，传递公司重视创新的理念，这远比选出几个项目更有意义。

第三，创新要有环境。

什么叫创新环境？我给你分享一个案例。

1916 年，3M 公司将年仅 20 多岁的威廉提升为总经理。威廉走马上任后的第一件事，就是投资 500 美元设置一个实验室。与此同时，他提出了"15%规则"。这个规则规定：研发人员每个星期，都可以拿出 15%的工作时间，用来研究自己感兴趣的东西。

对于威廉的这个举动，公司很多同事并不看好。他们甚至对威廉提出的"15%规则"冷嘲热讽，说，有那闲工夫，不如让他们在流水线上多拧几颗螺丝呢。

可随着公司的快速发展，大家对实验室彻底改观。在威廉的带领下，实验室成果频出，包括我们至今都在用的透明胶带、高速公路反光膜、录音磁带和录像带等。

3M 公司平均每两天就会研发出三个新产品，品类超过 6000 种。在福布斯全球创新公司评比中，3M 公司位列第三，仅排在苹果和 Google 之后。

威廉提出的"15%规则"，让 Google 等公司先后效仿，允许每个技术人员可用 15% 的时间"干私活"，研究个人感兴趣的工作方案，不管这些方案是否直接有利于公司。

实际上，创新并不是凭空产生的，也不会被动出现。很多创新来源于看似无用的个人爱好，但这种爱好一旦与工作找到契合点，发挥的效用会非常惊人。

很多人说，我们是传统产业，如何营造创新的氛围呢？下面再给大家分享一个国内的案例。

这是国内的一家保险公司——泰康人寿，它有一项业务是做养老社区。我朋友的奶奶，就在这家养老社区安享晚年，其中提供的很多创新服务，让我很感动。

奶奶已经 94 岁了，有点老年痴呆，只能想起小时候的事情，所有的记忆都停留在了青少年时期。于是，他们给奶奶起了名字叫丫丫，意思是小丫头。

有一次，奶奶碎碎念说自己有个遗憾，小学没有毕业。结果被负责护理的小姐姐听到了，于是，工作人员非常用心地给奶奶准备了一次小学毕业典礼，还邀请了其他老人一起来庆祝。奶奶拿着毕业证书，高兴地手舞足蹈，完全不像94岁的老人，仿佛真的回到了童年。

为了延缓奶奶老年痴呆的症状，他们还带奶奶做各种手工活动、拼积木、拨算盘、唱歌、户外赏花等。而且为了让奶奶体验年轻人的生活，他们还会给奶奶涂指甲油。他们还在养老社区内部做了一个梦想小镇，全部都是那个时代的摆设，如电视、录音机、家具等，让每个老人都能重温年轻时光。

同时，他们为这里的每位老人都设置了一个单独的群，群里有老人的晚辈们，还有养老社区的工作人员，每天都会在群里发布老人的情况，比如今天吃了什么食物、饭量如何、参加了什么活动、情绪怎么样、睡眠情况如何等。

为什么会有这么多让人感动的创新服务呢？因为泰康人寿有一个理念，就是让老年人的生活破茧重生，过得有尊严、有质量、有期待，让生命的旅程流光溢彩。因此，在每位老人房间的房门上，都有一只蝴蝶，蝴蝶上有老人的名字，寓意破茧重生。

而这些细节的背后，是泰康人寿价值观的支撑，董事长陈东升一直传递的就是，寿险的意义是尊重生命！所以泰康人寿的价值观就是：尊重生命、关爱生命、礼赞生命！

因此，泰康人寿把极致尊重每一个生命，作为一切事情的出发点，不仅对客户如此，对员工也是如此。给员工足够的尊重和信任，对员工好，好到他们只想留下来，所以，在这里的大部分都是老员工。

当员工感受到这种尊重的时候,就会把更好的服务传递给客户,这些感动人心的创新服务也就产生了。这就是通过价值观来营造创新的氛围、创新的环境。

总 结

一个创新组织最好的能力就是打破自己边界的能力。

如何通过营造创新氛围,让团队建言献策、群智涌现?

首先,创新需要容错。创新有可能成功,也有可能失败,想要鼓励创新,就要允许失败。

其次,创新有三个要素。

◎ 创新要有工具。

◎ 创新要有机制。

◎ 创新要有环境。

实战练习

你想知道,你的团队成员到底蕴藏着怎样巨大的能量吗?找到近期你们需要解决的一个问题,召开一次头脑风暴会议吧。

荣誉激励
如何通过不花钱的激励，提高员工工作成就感

曾经有一位企业高管问我，为什么感觉现在的公司里，搞荣誉激励，好像不管用了？你看我们那个年代，家里墙上贴的都是大大小小的奖状，大人的奖状、小孩的奖状，都是很光荣的。但是看看现在公司里的年轻人，你给他评个什么奖，他看得很淡。你给他发的奖状，他转手就扔抽屉里了。

但是，深想一下，真的是荣誉没用了吗？对荣誉的需求，不是谁制造出来的，这是人性底层的东西。你看现在有多少年轻人，为了在电子游戏里取得一个小成就，获得一个小荣誉，挖空心思、费尽心机，甚至省吃俭用、花钱买装备。你能说现在的年轻人荣誉感变淡了吗？恐怕不是。

所以，不是年轻人不爱荣誉了，而是你使用的荣誉激励的方法太单一了。

不信的话，我们来看一下，一般你们都是怎么给员工发奖的。年底人力资源部会做一个规划，今年的优秀员工有10%的名额，如果有100个人，那就有10个人可以获奖。然后把名额分配给各个部门，开始评选，评选上优秀员工的人会获得现金奖励。大部分公司都是这样的吧。

这样评选有什么问题呢？

每年到了评选优秀员工的时候，都是两极分化，觉得没希望的员工就摆烂，冷眼旁观，有的还会说风凉话；觉得自己有希望的人呢，就会争得头破血流，因为名额有限，同事之间变成了零和博弈，所以经常在评选的时候就很艰难，最后结果出来了，落选的人经常满腹牢骚，觉得不公平，甚至还会到公司领导那里哭诉，弄得鸡飞狗跳。

你以为选上的人就舒服了吗？他们会成为众矢之的，有什么脏活累活，别人会说，安排给他呀，谁让他是优秀员工呢；项目遇到了什么困难和挑战，别人也会说，让他上呀，谁让他是优秀员工呢。

所以你发现问题出在哪了吗？

第一个问题出在名额有限。优秀员工是一项荣誉，你评上了说明你优秀，我没评上说明我不优秀，有你没我，有我没你，员工之间变成了竞争关系，而不是合作关系。

第二个问题就出在"优秀"两个字。优秀的意思就是完美、全能，可是人无完人，一方面强，并不代表其他方面都强，一个"优秀"，就把人架上去了，用现在的流行语说，就是"捧杀"，别人只要看到他某一方面的缺点，就会觉得他不配当优秀员工。

那这个问题怎么解决呢？我给你分享三个方法。

第一个方法：因人设奖。

就是根据每个人的特点和优秀点来定制奖项。不要笼统地说优秀，而是给优秀一个定义。而且不要限制名额，人人都有奖，因为每个员工身上都有亮点。

举个例子,有一年我们召开渠道会议,全国 40 多家分院一起来开会。如果按优秀员工的思路来颁奖的话,按照业绩来评出冠、亚、季军就行了。但是我们没有,而是根据每家分院的特色,给大家都颁了奖,每一个奖都是独一无二的。

比如,业绩排名第一的,我们给他颁了个"独占鳌头奖";有一家分院为了推广课程,克服了重重困难,最终成功推广了课程,我们给他颁了个"使命必达奖";有一家分院,还没有正式加入之前,就把场地找好了,装修也做好了,我们就给他颁了个"粮草先行奖";还有一家分院,为总部的发展建言献策,提出了很多有价值的建议,我们就给他颁了个"金玉良言奖"。

当时我们给每一家分院都做了一个奖杯,在他们上台领奖的时候,给大家宣读颁奖词,所以每一家分院都感到备受鼓舞,每个人都有一种被看见的感觉。

这就是第一个荣誉激励方法,叫因人设奖。

第二个方法:放大荣誉的影响力。

下面分享一个学员企业的故事,当时我听完都觉得非常感动。

他们公司有一位销售员特别厉害,连续三年都是销售冠军,结果很多公司要挖她,于是到了那一年的年会,他们决定邀请这个销售冠军的父母来参加。结果一打听,销售冠军的父母在四川的一个农村,于是打电话过去邀请对方来参加他们女儿的颁奖典礼。

你猜他们当时的第一反应是什么？他们的第一反应居然是，那我们家猪咋办？我们要去深圳一星期，那我们家猪由谁来喂呢？

当时人力资源部的负责人就被问懵了，想了一会儿说："阿姨，我给你 200 块钱，把你们家猪让邻居帮忙养一段时间，可以吗？"这个阿姨说："哦，那行，那我们就来。"然后，公司给他们买了汽车票、火车票、飞机票，几经周折来到了深圳。到了之后并没有让他们与女儿相见，而是带着他们游遍了整个深圳，同时，带他们参观了女儿的工作环境。

到了颁奖典礼的那一天，所有员工入场以后，才轮到家属走红毯入场。老两口走在红毯中间，这位员工突然惊喜地发现自己的父母居然来到了现场，立马冲了过去，抱着父母就开始嚎啕大哭。因为有一年多时间没见了，三个人就在红毯中间哭成了一片。

年会结束以后，你猜她父母说的第一句话是什么？他们说的第一句话就是，你得在这家公司好好干。这个女孩现在还在这家公司，从销售冠军干到了销售经理，再干到了销售总监，成了他们整个公司里最年轻的销售副总裁。

所以，当你说荣誉没用的时候，有可能是我们的方式有问题。

在组织行为学里有一个理论，叫工作嵌入理论。简单来说，我们每个人的生活，都由社区、家庭、工作三部分组成。如果企业能越过工作的边界，把荣誉的影响力扩展到员工的社区和家庭中，就会带来额外收益，也就打通了工作和家庭之间的荣誉反馈通道。

说得再直白一点，就是你给员工发的荣誉要让他的家人和朋友都知道，并且为他骄傲，为他庆祝。

你想，如果一个人在公司得了奖，离开公司就没人知道，也不会有人提起。那这个荣誉就变成了孤零零的、毫无意义的一纸奖状，可不就是作用不大。但如果你在单位获得了荣誉，不仅家里人知道，连周围的朋友、邻居聊天时，也会不断念叨你得的这个荣誉。那荣誉的作用，就会被不断放大。

第三个方法：发自内心的认可。

荣誉激励的本质是认可员工，发奖只是荣誉激励的一种表达方式，但不是唯一的表达方式。

发自内心的认可，然后把认可表达出来，也是一种荣誉激励。

举个例子，在组织中，我们常常会遇到一些下属，他们有没有能力呢？确实有能力，但是，他们不够卖力。表现出来的情况就是，用各种托词拒绝任务，不愿意和同事配合等。但这些表象背后的原因可能只有一种，就是完成这个任务和他自己的成就感是没有关系的。

其实，一个人要倾尽全力地工作，一定要有金钱之外的收益。很多人倾尽全力的动机，都是获得认可。你千万不要觉得你心里认可他就可以了。他不仅要在心里感受到"你的认可"，还要感受到"你的认可"是真诚的，是"发自内心的认可"，他才会给你卖命。

我有一位高管朋友，他当时遇到一个情况，就是大区副总本来要被调到总部去，担任职能线的副总，虽然是平级调动，但毕竟去了总部，是个好事。但我这个朋友生生把这个调动给拦下了。于是，这位大区副总就不肯卖力了，心里很郁闷。我的朋友先找这位大区副总进行个人谈话。他说："我觉得这个大区离不开你，很多事情只有你可以做好。如果你做不好，我不相信还有谁可以做好。而且我和上面的大领导说了，你要找一个在总部机关负责这个岗位的人，不难找，可以在全公司里找到至少十几位。但是，你要找到能够负责我们这个大区业务工作的领导，全公司恐怕找不出第二个。"

我朋友这番话一说，相当于把对他的认可，上升到公司层面"百里挑一"这样的高度。结果，这些话让那位大区副总深深地感受到了老总的认可，又重新开始卖力干活。

所以你看，发自内心的认可，也是一种荣誉激励，甚至比有形的奖杯更有力量。

最后，为了帮助你更好地落地以上内容，我再为你提供一些需要进行**激励的重要时刻**。

第一，胜利时刻。

比如出单、成交、完成业绩目标、谈下新的合作项目等。

第二，里程碑时刻。

比如新项目启动、新技术实施、项目获得突破性进展、公司重大事件等。

第三，成长时刻。

比如员工转正、入职三周年、入职五周年、退休、个人取得好成绩、提出创新想法等。

第四，关怀时刻。

比如新员工入职、员工生日、员工家属重要时刻、员工长时间出差在外等。

举个例子，我们之前辅导的一家上市企业，就有一个部门的部长，在年底开部门述职会的时候，为部门的每个员工都送了一个礼物。

他们部门有 20 多个技术人员，这些技术人员常年出差，在项目上一待就是几个月，一年也回不了公司几次。

他就想，这些技术人员这么辛苦，在外面风餐露宿，也顾不上家，怎么才能让我的团队知道，公司是看得见他们的付出的。于是，他就买了二十几本笔记本，拿到董事长的办公室，请董事长给他们部门的每个员工都写一句鼓励的话。领导一看，这个部长有心了，然后认认真真地写，如图 4-4 所示。

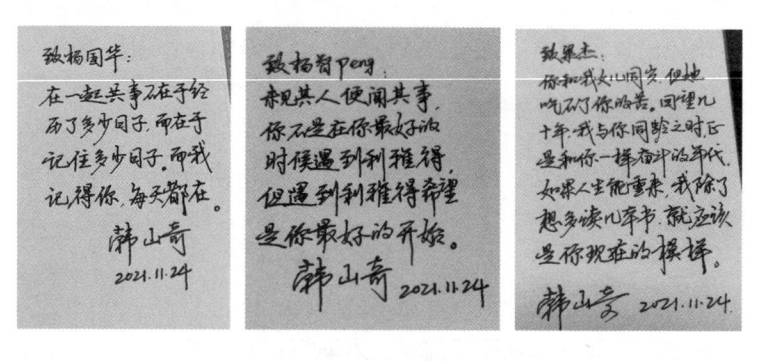

图 4-4　董事长写给员工的寄语

到了述职会那天，在每个员工都讲完自己的工作后，就把属于他的笔记本发给他，员工看到老板写给他的话，有一种被看见、被鼓舞的感觉。

不仅如此,他在开部门述职会的时候,还邀请这位领导来参加,在最后,他们集体给领导颁了个奖,叫"灵魂设计师"。哇,领导也瞬间被激发了,如图4-5所示。

图4-5 部门给领导颁的奖

这个部门的士气、凝聚力、荣耀感就完全不一样了,等他们再出发做项目的时候,心里是温暖的,知道公司是牵挂他们的。

相信你也发现了,荣誉激励,和钱多钱少没有必然关系,和你的用心程度有关。良好地使用荣誉激励,可以很好地优化工作氛围。

工作氛围是一个看不见、摸不着的东西。好的工作氛围可以让我们有积极性,工作愉快且效率高;不好的工作氛围,会让一切黯然失色,死气沉沉。所以,荣誉激励是管理者不容忽略的一件事。

总　结

如何通过荣誉激励，提高员工工作成就感？

荣誉激励有三个方法：

第一，因人设奖；

第二，放大荣誉的影响力；

第三，发自内心的认可。

荣誉激励的重要时刻有：

第一，胜利时刻；

第二，里程碑时刻；

第三，成长时刻；

第四，关怀时刻。

实战练习

光说不练假把式，赶紧想想，最近有没有需要荣誉激励的时刻？你打算用什么方法进行荣誉激励呢？

竞争氛围
如何让员工你追我赶、创造业绩

有一天,我接到了一位老板朋友的电话,一接通他就很生气地跟我说:"我真的想把我们销售部的这些人都开了。客户投诉电话都打到我这儿来了,说想买我们的产品,留了电话信息,结果几天了都没人联系他。客户等不及,就买了别人的产品。要知道我们刚创业的时候,恨不得把每一位客户都捧在手心里,现在公司的品牌得到大家的认可了,销售部光接客户电话,就能轻松完成业绩,真是把他们给惯坏了。你说我该怎么办?"

如果你遇到这种情况,会怎么解决呢?提高销售团队的业绩指标吗?增加对销售团队回应速度的考核吗?你可以先思考一下。

我想先跟你分享一个概念,叫"鲶鱼效应"。

说挪威人爱吃沙丁鱼,尤其是鲜活的,所以活沙丁鱼的价格,是死鱼的好几倍。但沙丁鱼生性懒惰不爱动,而且船舱里又缺氧,运到码头时,沙丁鱼会死很多。据说,有位聪明的渔民想到了一个办法:往鱼槽里扔了一条鲶鱼。因为鲶鱼的入侵,沙丁鱼非常紧张,快速游动,最后,居然就活着到了港口。

我们先不去深究这个故事的真假,暂且用"鲶鱼效应"来代表这种被对手激活的现象。

如果在一个企业里，大家干好干坏都一样，卖力跟不卖力都差不多，那大家就没有危机感，公司自然如同一潭死水。而有了竞争对手的加入，大家就瞬间被激活了。

那么，怎么在团队中营造竞争氛围呢？跟你分享四个方法，这也是我给朋友的四个建议，他可以从中选择。

第一个方法：外部聘用。

日本著名企业家本田参访欧美企业后，感触很多，尤其是对他们的竞争文化。他决定从外部找一条"鲇鱼"，来改变他的公司。经过周密的计划，本田把竞争对手公司年仅 35 岁的武太郎挖来做销售部负责人。武太郎有丰富的经验、极大的热情。

本来死气沉沉的销售部，被他充分刺激起来，活力大大增强，公司月销售额直线上升，在欧美市场的知名度也不断提高。本田运用的就是"外部聘用"方法，从外部找"鲇鱼"，"引进一个，带动一片"。

我给出的建议是，你招些新的销售人员，作为"鲇鱼"，放到销售部。这样，平均每个销售人员接到的客户电话数，就不足以完成业绩了。新员工带来了竞争，大家必须去寻找新客户，或者提高服务水平，增加转化率。

第二个方法：内部提拔。

外部聘用虽好，但用之不慎，可能会毁掉内部员工升迁的希望，甚至会引起内部员工的抵触，故意和"鲇鱼"对着干，这也是很多空降兵着陆失败的原因。怎么办呢？你可以寻找公司内的潜力员工加以培养，把他提拔到关键岗位上，也能有效激活员工。

我给出的第二个建议就是，用好我们在第二章讲的岗位激励，通过破格晋升激励、轮岗激励、岗位任期激励等方法让内部员工产生竞争，从而实现激活员工的目的。

第三个方法：红蓝两军。

喜欢军事的朋友应该比较熟悉，红军是正规部队，蓝军是在军事训练时，扮演假想敌的部队。蓝军的目的是否定红军，打击红军，成为他的天敌。

华为就有浓厚的红蓝两军的文化。任正非说："我特别支持成立蓝军部队，想升官，先到蓝军去，不把红军打败就不要升司令。红军的司令如果没有蓝军经历，也不要再提拔了。你都不知道如何打败华为，说明你已经到天花板了。"

说到红蓝两军，我想起刘润老师曾经讲过的一个微软上海食堂的案例。

在微软上海的办公室，有专门的员工食堂，员工可以在这里吃午饭和晚饭。

刚开始员工都很满意，但吃着吃着，很多人就觉得腻了，希望供应商能多换换口味。供应商当然答应会改进，但效果却并不明显。

员工食堂同时提供午饭和晚饭，因为中午吃饭的人会多一些，所以赚的钱更多。于是行政部决定：

第一，选两家餐饮供应商，一家提供午饭，另一家提供晚饭；

第二，每3个月，进行一次员工满意度调查：你喜欢午饭，还是晚饭？

第三，如果喜欢晚饭的多，午饭、晚饭供应商交换；如果喜欢午饭的多，供应商不变；

第四，连续6个月，两次满意度调查，如果午饭都胜出的话，那换新供应商做晚饭。

自从这个制度实施后，那些说自己已经做得很好了、尽了最大努力的供应商，都开始提供比原来好得多的服务。

微软上海食堂用的正是红蓝两军的方法。

于是，我给出的第三个建议是，在销售团队中，可以成立销售二部，提拔最优秀的销售人员担任负责人，原来的销售部就变成了销售一部，这样就形成了两个部门的竞争态势。新领导想展示自己，老领导不甘被超越，团队会被重新点燃热情。

第四个方法：用好排名。

还记得我在第一章授权那一节里提到的韩都衣舍吗？一个服装品牌，曾经连续50多个月在天猫店里做到流量第一。他们除了大胆授权，还会在内部营造竞争激励。

韩都衣舍把全公司的员工都分成一个个小组，每个小组只有3个人，一个负责款式设计，一个负责销售，一个负责宣传。每一个小组就相当于一家独立运营的小公司，整个公司有上百个这样的小组。

那怎么管理呢？为了激发员工的斗志，韩都衣舍会定期给小组做排名，比比谁的业绩好，排名越靠前，奖金就越多。可别小瞧了排名的力量，人生来好胜、爱攀比，所以这个排名机制特别能激发人的好胜心。

排名机制被引入韩都衣舍的效果怎么样呢？

排第一名的小组会看自己和第二名的差距有多远，心里会想着怎么能把第二名甩得更远，而第二名会拼命地想要赶上第一名。排名倒数的人，心里更是着急，他们会一心想着把业绩做上去。

韩都衣舍还会根据小组的业绩发奖金。奖金是组长自己来分配的，业绩好的小组一般能拿到10000元的奖金，通常组长会自己留5000元，给另外两个人一人分2500元。

问题是这样时间长了，就会有组员不满，他们会觉得凭什么我只能分2500元？我觉得我应该分5000元，我想自己做组长。所以，很多做得好的组员，就不跟原来的组长玩了，自己招两个组员，自立门户。

那做得差的小组，奖金只有2000元，组长会怎么办呢？他们一般会说我不要了，给另外两个人一人1000元，因为和其他小组组员的收入一比，分给组员1000元已经很少了，组长一般都不好意思拿这个奖金。

那拿1000元奖金的组员会怎么想？他会觉得我的奖金少，是因为组长不行。我要是跟着业绩好的组长干，这样他们就会加入新的小组。有了奖金制度的激励，小组和小组之间就实现了人才的流动。

那排名最后的组长，经常被组员抛弃，会不会就淘汰出局呢？基本上不会，因为公司会招到新的员工。带新人是很累的，大家都不愿意做，而那些被组员抛弃的组长，没有人带，就只好带新人，新人成长起来之后，就会加入业绩更好的小组，然后这些业绩不好的组长就又被抛弃了，他们就可以继续带新人。

这样小组化的管理方式，层级简单，反应快，自主性强，还特别能培养领导型人才。

这就是通过排名的方法，形成你追我赶的竞争态势。于是我给出的第四个建议就是，根据销售业绩排名，只给冠、亚、季军发奖，冠军70%，亚军20%，季军10%。没错儿，我们在第三章的特殊贡献里提到过这个方法。

以上就是营造竞争氛围的四个方法，内部竞争可以给团队带来什么好处呢？

首先，内部竞争可以促进团队的交流，促进团队成员之间的互相学习。同时，内部竞争也是团队创新的动力。

其次，内部竞争还是团队纠错的机制。如果不允许内部竞争，许多错误的行为就得不到纠正，错误的观念就可能一直延续下去。

既然竞争有这么多好处，那是不是可以大力推行竞争机制了呢？

我必须强调一点：公司是鼓励内部竞争的，但必须建立在规则允许的范围内，公平、公正地竞争，不能采取不合规、不合理甚至不合法的手段。竞争是好事，但不择手段的竞争会毁掉团队。

在评价华为的内部竞争时，任正非曾经感慨："企业需要内部竞争,但竞争的最好结果应该是你活我也活,都是一个战壕里的兄弟,你死我活不是战友间的相处方式。"所以,一定要保证竞争公平,避免内部恶性竞争。

如果没有狮子,羚羊永远也跑不了那么快。如果没有麦当劳,肯德基的汉堡也许没有那么好吃。如果没有百事,可口可乐也不会发展壮大。如果没有竞争,就没有进步。如果没有压力,永远不可能发展。真正激励一个人不断成功的,可能是那些一直想击败你的对手。

希望你可以用好内部竞争,让团队变成一潭活水。

总 结

如何通过营造竞争氛围,让员工你追我赶、创造业绩?

营造竞争氛围的四个方法为:

第一,外部聘用;

第二,内部提拔;

第三,红蓝两军;

第四,用好排名。

实战练习

作为管理者,你的团队有竞争氛围吗?如果没有,你打算怎么来营造竞争氛围呢?

团建活动
如何通过有效团建打造团队凝聚力

我在直播的时候,提到团建这个话题,看到评论区有人留言说,我们团建就是吃吃喝喝,感觉没什么用,每个月花几千块钱,有点浪费。

网上花式吐槽团建的段子,更是数不胜数。有人说,团建就是拿着公司的钱遭自己的罪;还有人说,团建就是当着领导的面,表演热情、哄领导高兴,明明跟同事不熟,还得亲密互动,彼此尴尬;还有一条高赞评论,说上班已经很累了,团建也只是换了一种形式的加班,还要加倍透支体力,占用周末,真让人疲于应付!

大家有没有发现,钱花出去了,人心也没了。

携程曾公布过一组数据:超过50%的公司,年度团建预算超过每人600元;还有25%的公司,年度团建预算超过每人1500元;国内的团建市场规模已接近千亿元。

一边是企业热衷于团建,希望凝聚人心;一边是员工吐槽团建,不想参加。

为什么会出现这种情况?问题到底出在哪儿呢?我们发现,大家的吐槽主要集中在两点。

第一点，只重形式不重内容。

团建必须要"口号喊起来、鸡血打起来、旗子摇起来"，让你对公司的认同感和归属感成倍增加，才算是合格的团建。

想通过团建得到休息和放松？那不存在。那怎么才能展示你为公司奉献的热情呢？

团建结束时明明已经累得灰头土脸了，还得满脸笑容地拉着横幅拍集体照。因为集体照肩负着填充公司招聘主页和文化墙的使命。

第二点，只重领导感受，不重员工感受。

比如有人吐槽说，团建晚上聚餐的时候，会专门设个舞台，员工要挨个上台，拿着麦克风发表团建感言和收获。这一顿饭吃得，那叫一个心神不宁，根本不知道自己吃了啥。

还有的公司花了大价钱，送员工去野外拉练，白天各种体能训练，晚上还要自己生火搭帐篷。领导觉得，这种生存锻炼很有必要；但员工却私下吐槽，这哪里是团建，分明是特种兵训练，"请组织放我回家"。

你可以对号入座，看看你们公司的团建有没有踩坑。

那么，要怎么做，才能既花小钱，又能达到很好的团建效果呢？

第一个方法，可以把团建常态化。

并不是一定要把大家拉到荒郊野外，封闭几天，搞得声势浩大，才算团建。其实，增加团队凝聚力，功夫在平时。

比如，哪个团队打了小胜仗，就买个蛋糕、开个小型庆功会庆祝一下，不但自己部门的人参加，也可以邀请其他部门的人参加，一个部门的胜利可以提升全公司的士气。这里,我忍不住炫耀一下,我们团队隔三差五就有这样的庆功会。

在这里,给你推荐一个小工具,就是阿里巴巴常用的"团建的五个一工程"。哪五个"一"呢?分别是:

- 一次深度沟通;
- 一次感人事件;
- 一次体育活动;
- 一次娱乐活动;
- 一次集体聚餐。

如果一个团队在三个月内,做了这五个"一",很快就能提升团队的凝聚力。

那究竟怎么开展呢,我们一一来解释。

首先,**一次深度沟通**。

你可以跟员工进行一对一的深度沟通,了解员工的想法。比如你可以问他,今年的目标是什么;在实现目标的过程中,你可以提供什么样的支持;遇到了哪些困难,你可以提供什么帮助等。

当然了,不是说只有一对一的时候,才可以深度沟通,小团队在一起也可以。

我给你推荐一个"人生地图"的游戏,可以快速增进团队成员之间的了解。游戏的过程是这样的:

找一个安静的场所,让大家围坐一圈,然后宣布游戏规则。

◎ 今天，我们来做一个分享"人生地图"的游戏，请每一位同事，在一张横着的 A4 纸上，沿着对折线，画一条横轴，从左到右，代表从过去到现在的时间。然后把自己经历过的最重要的五件事情，按时间顺序写进去。

◎ 带给自己开心、幸福的事情，写在横轴上方；让自己遗憾、难过的事情，写在横轴下方。离横轴越远，代表这种情感越强烈。

◎ 然后请每个人分享这五件事情，对于内向的同事，可以有意安排他们坐在稍后发言的位置上，让一些外向的、善于表达的同事先说，把气氛炒起来。

一般来说，领导是最后一个发言总结的。每个人的分享时间大约在 15 分钟，所以如果是十来人的小团队，你差不多要花三小时的时间，多准备些零食，让大家边吃边聊，也能放松紧张的情绪。在下属说的时候，领导可以适当地提问，比如，为什么同样是开心的事情，A 事情比 B 事情给你的感受更强烈等，这也是帮助你了解下属价值观的非常好的机会。

这样两到三小时的长谈，能够加深团队成员之间的了解，说不定不经意间还能化解团队成员之间的误解和敌意；同时，能够让下属意识到，领导也是一个有血有肉的人。在未来的工作中，大家的关系会产生化学反应，相比公事公办的上班状态，是完全不一样的。

其次，**一次感人事件**。可以做一件令人感动的事情。

比如有一次，我们团队有一位核心成员过生日，她是周日过生日，但是周末休息，于是我们决定周五一起出去玩，找了一个民宿，在那边踏青、烧烤,玩得特别嗨。玩到最后,有人提议说,我们看个电影吧。

大家就纷纷响应,都在客厅围在一起准备看电影。还一本正经地做了一个电影开始的片头,结果片头一过,就出现了我们团队小伙伴的面孔。我们团队里的每一个人都录了一段视频,很走心地向她讲了一段话,有人讲自己心里的她是什么样子的,有人感谢她对自己的帮助很大。

过生日的这位同事就一直从头哭到尾,感动地稀里哗啦,因为她自己都没想起来快过生日了,完全是意外的惊喜。

这样的感人事件还有很多。比如,在母亲节的时候,给员工的妈妈写一封感谢信,并准备一份小礼物;在儿童节的时候,让员工带孩子来公司参观,看看爸爸妈妈工作的地方,办一些亲子活动等,关键是要用心去策划。

第三,一次体育活动。

在体育活动中,大家会有很多沟通、协作,以及肢体的接触,可以拉近大家的距离。

比如传统的拔河、篮球、乒乓球、羽毛球比赛,还有现在很多年轻人喜欢玩的扔飞盘、撕名牌之类的活动,可以调研一下大家的喜好,让大家更有兴趣参加。

第四,一次娱乐活动。

让大家一起嗨起来,放松一下,展现出生活中的样子。我相信这个你肯定比我更有经验。

最后一个，一次集体聚餐。

边吃边聊，最好可以有个主题，大家可以围绕主题聊，避免无话可说的尴尬。

通过这五个"一"工程，我们可以把团建常态化。如果你刚刚空降到一个新团队，或者新组建了一个团队，想快速把团队凝聚起来，不妨赶紧试一试。

第二个方法，把团建"民间化"。

这里的"民间"，指的是由员工发起，而不是由公司行政人力部门来安排。

比如在一些互联网公司，就有很多由同事发起的兴趣爱好群，像羽毛球群、吃货群，还有猫奴群，甚至还有社恐群。

这个社恐群很有意思，它的起源是有些同事声称自己社恐，不爱参加集体活动，干脆成立一个组织，让社恐们抱团取暖。结果，这个群反而异常活跃，那些平时不爱说话的人，在群里聊得不亦乐乎。

还有，吃货群里又有个小群，叫"吃火锅只吃香油蒜泥群"，他们要和吃火锅蘸芝麻酱的人划清界限，太有意思了。

对这些自发组成的兴趣小组，行政人力部门不是组织者，但可以是助力者。也就是，可以留意一下，团队里谁比较能张罗事儿，鼓励他们发起组织，给他们提供一定的资金支持。

比如，有一次我听学员分享，在他们公司有一个电竞兴趣小组，会定期在公司会议室组织比赛。有一天，他们正在会议室激战，没想到，公司为他们请了电竞界的超级明星——号称"人皇"的sky，来和他们同台较量。同事们当时的心情有多激动，就不用说了。

你看，公司只需要在这样的"关键时刻"轻推一把，比你组织多少团建都管用。

第三个方法，可以把团建"公益化"。

比如，我们之前辅导的一家企业——凯森保险，他们公司就长期在做公益活动。他们对接了18个有脑瘫儿童的家庭，然后员工分成18组，对这18个家庭进行帮扶，小组成员可能会因为员工的流动有一些变化，但每个小组每年都要去每个家庭两次。公司给每个家庭一定的现金，小组成员也会自费买一些日常生活用品。这项活动已经坚持了好几年，而且会一直做下去，这已经成为他们企业文化的一部分。

为什么做公益也可以提升团队凝聚力，原因有这么几个。

第一，做公益，简单来说就是行善举，帮助弱势群体，可以体现企业的社会责任感，树立企业良好的社会形象，有利于建设良性的企业文化。

第二，我们每个人内心都有一个当好人的愿望，做公益不是说你捐了多少钱，它的意义在于你用爱心温暖他人，唤醒了世界的善意，同时也开阔了自己的眼界。当我们看到自己的行为对别人产生了帮助的时候，我们会收获富足幸福的体验，自我评价水平会提高，会产生强烈的自我认同感。

所以这样的公益活动是非常有意义的，我自己也做一些公益的事情。我内心的感受是，当你做了一件你认为有意义的事情时，你会发自内心地爱自己、爱这家公司。

营销是服务顾客,把顾客放在心上;管理是服务员工,把员工放在心上。所有的事都是同一件事:把别人放在心上。团建也是一样的,从心出发,不搞形式主义。除了吃吃喝喝,团建还有很多方式,不是把人组织在一起就叫凝聚,而是心在一起才叫凝聚。

总 结

如何通过有效团建打造团队凝聚力?

方法一:团建常态化。

团建的五个"一"工程:一次深度沟通、一次感人事件、一次体育活动、一次娱乐活动、一次集体聚餐。

方法二:团建"民间化"。

方法三:团建"公益化"。

实战练习

你们公司有哪些团建活动?你打算做一次什么样的团建活动呢?

运动氛围
如何通过精力管理让团队保持巅峰状态

有一家知名的地产企业被大家调侃为"运动员企业股份有限公司",你能猜到是哪家企业吗?没错儿,就是万科。

说起跑步文化,万科绝对可以说是国内企业的典范。

万科创始人王石,因为热爱不断挑战自我,曾两次登顶珠穆朗玛峰,还挑战滑翔伞、赛艇等运动项目。王石对运动与冒险的理解是:即使你不去飞行,不去冒险,人生本身也要面对许多不确定性……在一次次飞得更高的挑战过程中,你会意识到,人生最大的挑战不是挑战自然、挑战他人,而是挑战自我。

万科董事会主席郁亮更是把跑步风引进了万科。

2015年,郁亮在上海马拉松跑出3小时18分的全马成绩,很多人祝贺、点赞,并对他的毅力和坚持表示由衷的钦佩,但郁亮却说:如果真的要跑步,那么你的动力不应该是坚持的毅力,而是快乐运动,只有这样,动力才够持久。

在万科内部,各种健康运动逐渐成为各类培训的"必选活动"。有一位地产同行调侃说:"很多公司都是开完会喝酒,万科是开完会跑步。"甚至在新员工入职培训时,每天都要早起跑步,郁亮更是亲自带领大家登顶梧桐山,我是"跟郁亮一起爬过梧桐山的人",这成为不少新员工引以为傲的标签。

如果你认为万科只流行跑步、登山，那你就大错特错了。万科工会旗下有 14 个俱乐部，绝大多数都是让人流汗的运动项目，一年 365 天，除了节假日，几乎每天都排满了活动。

那你说，如果有员工不爱运动怎么办？当然不是每个人都天生喜欢运动，但前提是，你得顺利通过体能测试。

万科每年都会开展体能测试，是国内乃至全球第一家把员工健康纳入管理的企业。如果员工的体能和健康状况（BMI 指标）出现下降或者不及格，管理层就要扣除相应奖金。如图 4-6 所示，郁亮自己就因员工健康程度下降而自扣奖金。

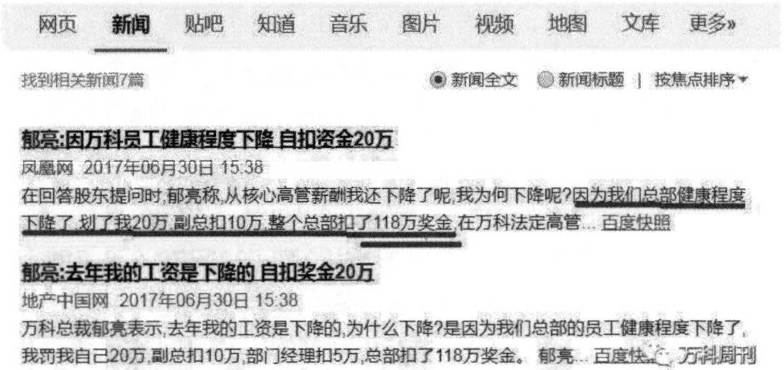
网页 新闻 贴吧 知道 音乐 图片 视频 地图 文库 更多»

找到相关新闻7篇 新闻全文 新闻标题 | 按焦点排序

郁亮:因万科员工健康程度下降 自扣资金20万
凤凰网 2017年06月30日 15:38
在回答股东提问时,郁亮称,从核心高管薪酬我还下降了呢,我为何下降呢?因为我们总部健康程度下降了,划了我20万,副总扣10万,整个总部扣了118万奖金,在万科法定高管... 百度快照

郁亮:去年我的工资是下降的 自扣奖金20万
地产中国网 2017年06月30日 15:38
万科总裁郁亮表示,去年我的工资是下降的,为什么下降?是因为我们总部的员工健康程度下降了,我罚我自己20万,副总扣10万,部门经理扣5万,总部扣了118万奖金。郁亮... 百度快 万科周刊

图 4-6　郁亮因员工健康程度下降而自扣奖金的新闻

被扣的钱用来干吗呢？用来奖励那些体能测试成绩突出，或者相较去年有明显上升的团队和个人。

他们甚至有口号：“没有时间运动，就有时间生病。”为了自己，万科人应该动起来!"体测不过关,扣领导奖金",为了领导,万科人必须动起来!

同时,在管理体系上,把跑步纳入考核;在硬件设施上,配备健身房和淋浴间;在文化宣传上,在企业内刊增设跑步专栏,万科实实在在地大规模、大动作推广着跑步,真是把运动文化做到了极致,不得不说一句,"绝!"

与此同时,我们不妨思考一下,万科为什么要鼓励员工运动,运动能给个人和团队带来什么好处呢?

万科自己的回答是这样的,通过在企业内部大力推行自行车、长跑、足球等"阳光的、团队的、流汗的"运动,来驱动万科这艘越来越庞大的战船,让其变得更加轻盈和健康,从而更好地适应这个行业不断遇到的调控、挑战乃至转型。

领跑中国房地产行业十多年之后,总裁郁亮表示,万科并不在意在某一个时点上被其他企业超越,速度不是核心的追求,健康才是。比赛很长,做企业和长跑一样,拼的是耐力和意志力,更何况做企业是一场没有终点的比赛。

从这段话中,我们似乎品出了运动背后万科想要传达的精神意味。

那运动到底能带来哪些具体的好处呢?

第一个,长期运动的人,大脑会发生"惊人的变化"。

美国的一所学校曾进行过一项名为"零点体育课"的教育实验,要求学生们在上文化课之前,先进行大量的体育锻炼。结果,参加此项实验的 1.9 万名学生，不仅成了全美国最健康的学生，还变成了最聪明的学生。

为什么运动能让人变聪明呢？

原本人类以为，大脑的神经元是固定不变的。但通过科学实验，科学家们惊奇地发现：运动可以促进大脑产生新的神经元，让大脑的神经网络更丰富，由此增强我们的记忆力，提高学习效率。

无独有偶，美国运动医学院研究发现，午休时间锻炼 30 到 60 分钟的员工，他们的平均表现会提高 15%。而且有 60% 的员工表示，他们的时间管理能力、跟同事的交流、面对压力的表现和按时完成工作的能力都大大增强。花费在锻炼方面的时间，不仅得到了补偿，还提高了生产力。特别是在运动后，开展具有挑战性的工作的效果更好。

我想这也解释了一部分老板的疑问。他们认为，企业和员工只存在雇佣和被雇佣的关系，企业只需要保证员工的工作效率即可，为什么要去关心他们的健康状况呢？

现实却证明，员工在适当的锻炼之后，会精神百倍地回归工作，而且工作更加专注。就像卢梭说的那样："我的身体必须不断运动，脑筋才会开动起来。"

如果你对这部分内容感兴趣，推荐你看一本书，叫《运动改造大脑》，里面非常详细地描述了运动和大脑之间的联系。

第二个，运动会改善我们的坏情绪，释放工作中的压力。

爱运动、多运动的人，能更快摆脱抑郁、压力等负面情绪的影响。

央视主持人白岩松曾经患上抑郁症，失眠严重，交流困难。后来他把跑步当作缓解抑郁的方法，渐渐地治好了疾病，还成了跑步的形象大使。

白岩松曾说，现在抑郁和焦虑，是年轻人经常面对的问题，但是体育生为什么会开心很多？不舒服的时候就出去跑啊，一身汗下来，就觉得好多了！

研究证实，运动能促进大脑分泌多巴胺，而多巴胺既能改善情绪和幸福感，还能启动注意力系统，从而产生成功后的满足感和对生活的掌控感。

第三个，运动可以促进团队之间的交流和协作。

在运动过程中，大家都处于轻松和正能量的气氛中，有利于员工之间的交流，可以化解员工之间不必要的尴尬，改善人际关系。

既然运动有这么多好处，那我们怎么在企业中营造运动氛围呢？有四个步骤。

第一步，前期造势。

想要激励员工运动，就需要多多宣传运动的好处，这是很关键的，因为运动这件事情需要吸引，而不是强迫，你只需要把我刚刚分享的三个好处，在公司内部用各种形式、各种途径全面宣传起来，让员工体会到公司是真正想让他们由内而外变得更健康的。

当然，在带员工运动的时候，领导需要积极参与，因为如果领导参与度不够，那么员工是很难积极参与的。就像万科的运动文化，很大程度上是高管团队大力推广的结果。

第二步，确定组织方。

如果你觉得在公司打造运动氛围有些困难，那么可以尝试"民间化"组织，由人力或行政部门牵线搭桥，把有相关爱好的同事组织到一起，形成跑步社团、乒乓球社团、篮球社团等，然后经常组织一些非正式的比赛。

第三步，运动需要专业。

公司可以邀请专业的教练跟大家分享运动知识，或者直接带大家运动。因为运动的方法很重要，如果方法不对，不但不能起到强身健体的作用，反而容易受伤。

所以在我们团队，有专业的跑步教练提供线上指导，根据每个员工的情况制订跑步计划，让大家轻松爱上跑步。而且还有瑜伽教练每周带大家练习，这样就很容易让运动成为常态。

当然如果条件允许，可以增加一些硬件设备，满足跑步、骑车、打网球之类的运动。也可以跟周边的健身房合作，为员工谋福利。

第四步，运动需要好规则的驱动。

可以设计一些游戏规则，鼓励大家参与。比如我们辅导过一家企业，是四川泸州的一家民营医院。他们就有一个规则，每个员工每周要跑够 20 公里，大部分时间院长都会带头跑，每天早上上班前，都有一队人围着湖边在跑步。那怎么来监督大家到底有没有跑呢？

他们用一个运动 App 玩了一个对赌小游戏,每人每周交 20 元钱，如果完成了规定的公里数，这个钱会返给你；那没有完成的人，这个钱就由完成挑战的人来瓜分。虽然钱不多,但是每次瓜分到钱的人就会开心地大肆宣扬,有一种满满的成就感。那没有完成挑战的人,心里就会暗暗使劲儿,下周不能再做"贡献"了,"不争馒头争口气"。所以他们这个规则到现在还在实施。

除此之外,如果你们公司的人数比较多,可以在公司内部举办运动会或者运动友谊赛;如果人数不够,就可以跟其他公司举办联谊比赛,这样不仅运动了,还促进了与外部的交流。

运动是精力管理的重要方式,时常运动的人,体内生态系统犹如一汪清泉;而久坐不动的人,体内生态系统则更像是一潭死水。

在原始社会里,人类是一种有耐力的动物。可随着时代的进步,越来越多的人从事脑力劳动,长期久坐,引发了一系列疾病。

如今我们得知,运动不但有助于脑力劳动,还能缓解工作压力,对现代人来说是一场性价比极高的交易。所以,通过运动帮助员工保持巅峰状态,是一种很好的方式。

总　结

如何通过营造运动氛围,让团队保持巅峰状态?

四个步骤:

1. 前期造势;

2. 确定组织方;

3. 运动需要专业指导；

4. 运动需要好规则的驱动。

实战练习

在你的团队中，你打算怎么营造运动氛围呢，尝试用今天介绍的四个步骤，带着团队运动起来！

学习激励
如何让团队"自动"成长

彼得·圣吉被誉为"学习型组织之父"。他说，从长远来看，组织长期可持续的竞争优势，就是比竞争对手更好更快的学习能力。

通用电气前 CEO 杰克·韦尔奇说："你可以拒绝学习，但你的竞争对手不会。"

很多企业都达成了这样的共识，那就是在激烈的市场竞争中，企业要持续发展，仅仅依靠领导者的个人素质和聪明才智是远远不够的，而是需要全体成员齐心协力，发挥聪明才智，不断学习。

于是，大家纷纷在企业中倡导，我们要打造学习型组织，还专门开辟了一间办公室做阅读室，买了很多书，摆得整整齐齐。可是你发现，阅读室里的书都已经落灰了，还没拆封，几乎无人问津。

事实上，我们不能漫无目的地学习，不能盲目跟风，觉得什么形式新颖就做什么，也不要寄希望于搞一两次培训，就能彻底解决问题，而是要有全局的视角。你需要关注的是整个团队所有和业绩相关的能力项，以及怎么做系统性的提升。

那具体应该怎么做呢？怎么打造学习型组织，才可以让每个员工自学习、自成长呢？

我们从两个方面来着手。第一个方面是学习型组织的日常打造，第二个方面是当遇到具体的项目或者挑战时，应该怎么让团队成员快速学习成长。

首先来看第一个方面，在日常工作中，怎么打造学习型组织。

跟你分享三个方法：读书，读事，读人。

第一个方法，读书。

我接触到的很多管理者，都很爱学习，但是通常都是一个人在学习，所以就经常会给人一种曲高和寡的感觉，感觉团队成员都不懂你，跟不上你的思路。那怎么才能带动你的团队成员，都能够跟上你的脚步，快速成长起来呢？就是一起读书。

比如，你有五位下属，你可以给每个人都买一本书，而且这几本书都不一样。可以是不同主题的书，比如有人读跟工作相关的专业类图书，有人读历史类图书，有人读心理学类图书。这样的好处是，大家可以根据自己的喜好选择，容易激发阅读兴趣，而且涉猎的知识范围广。

还可以选择同一个主题的系列图书。比如，大家都一起读管理序列的图书，有人读关于领导力的书，有人读关于团队激励的书等。这样的好处也很明显，可以帮助我们把某一个领域研究透彻，而且容易同频共振，产生共鸣。

这些书发给大家以后，需要跟大家约定，一个月后，举行一个小型分享会。每个人都来分享自己所读的书，你所看到的、你所学到的、你打算在工作和生活中践行的都有哪些知识点。

规则很简单，既有时间限制，还要读完分享。因此，他们在读书的过程中就不只是读读而已,而是要反复消化吸收,融入自己的思想,然后才能够表达出来,所以一定会深度阅读、深度思考。

一个月后,每个员工都来分享自己读的这本书,相互交流。你会发现这一个月里,每个人相当于读了 5 本书。同时,因为你是带着整个团队一起读,大家的思想、想法在共同进步,在帮助员工提升认知的同时,员工的总结能力、表达能力也都会不断提高。

而这个方法,就是史上最强的学习方法——费曼学习法。

理查德·费曼是诺贝尔物理学奖得主,被誉为继爱因斯坦之后最睿智的理论物理学家,同时也是一位硕果累累的教育家。费曼被称为"老师的老师",他所倡导的费曼学习法,被全球推广,更是学霸们称霸江湖的重要武器,其核心理念就是"要是你能把一个概念用最简洁的语言表达出来,让不会的人也听得明白,那就说明你对这个知识已经完全掌握了"。

而我刚刚设计的读书方法,就遵循了费曼学习法的理念。大家不仅要看,更要说出来,同时还要让对方听明白,这不是一件容易的事情,我们可以按照费曼学习法的四个步骤进行。

第一步:获取知识,理解我们要学习的内容。

第二步:复述我们所获得知识的主要内容。

第三步:用你自己的方式,再次复述所学过的知识。

第四步:通过简单精炼的语言,尝试将这个知识教给完全不懂的人。

这四个步骤,如果用在团队共同读书的过程中,不仅管理者自己可以获得成长,而且团队也会跟着你同频成长,这是非常有效的学习方法。

第二个方法,读事。

其实很多管理者之所以在同一个地方反复摔跤,是因为他不知道如何读事。而读事的方法,实际上就是一个复盘的过程。那怎样能够进行很好的复盘,把事情背后失败的原因,或者成功的原因都总结出来,这是有方法和步骤的。

有一个工具叫"GRAI 复盘法",如图 4-7 所示,主要有四个步骤。

第一步,回顾目标(Goal):当初做这个项目的目标或者期望是什么。

第二步,评估结果(Result):就是项目完成的结果,和原定目标相比,有哪些亮点和不足。也就是说,有哪些目标是超额完成的,有哪些目标没有完成。

第三步,分析原因(Analysis):事情成功和失败的根本原因,从主观原因和客观原因两方面进行分析。这里需要强调一下,大家千万不要认为复盘就是要说问题,复盘高手一定是把做得好的地方进行总结固化的,这是非常宝贵的经验,需要保留下来;做得不好的地方,选择几个关键要素进行优化,下次做得更好。

第四步,总结经验(Insight):通过以上分析找到更有效、更符合规律的正确做法,比如需要采取哪些新措施,哪些措施需要继续坚持等。

图 4-7　GRAI 复盘法

通过这样的读事方式，你就会让整个团队形成一种思维，就是事情做错了不是去责怪谁，而是我们来复盘。这才叫真正意义上的读事，这也是一种很好的激励方式，让员工可以螺旋式地成长。

第三个方法，读人。

什么是读人呢？就是向你身边最厉害的专家、高手学习。

这是一种更高明的学习方式，因为你的顿悟，对于那些高手来说，可能只是常识而已。因此，遇到问题不要闭门造车，而要敢于走出去向高手请教。

当年的任正非就特别善于向高手学习：在 1996 年的时候，任正非就跟 20 世纪 80 年代最好的企业——司通公司的老板交流；在 1997 年的时候，任正非跟联想的老板柳传志交流；1998 年以后，国内已经没有更厉害的企业家，任正非就走出国门，花巨资引进了 IBM 的管理方式。

为什么高手都更愿意向高手学习？因为你的水平，取决于身边跟你交往最多的 6 个人的水平。而读人就是在向高手学习的过程中，提升你的认知水平。

当你们团队既会读书,又能读事,还会读人的时候,你们团队的成长能力就会被激活。而对于员工来讲,在你这里,虽然挣不到更多的钱,但是能够学会挣更多钱的本领,他们愿意跟随你。否则,既没有更高的收入,又不会让他们的能力得到提高,他们为什么要跟随你呢?而帮助员工成长,是非常有效的激励方式。

第二个方面,当我们遇到一些具体的项目或者挑战时,应该怎么让团队成员快速学习成长。

成年人,都是在事情中学习的。正所谓,在战争中学习战争。面对最终的"大 Boss",怎么通关?你可以给他们一张"学习地图",让他们完整地了解自己从基础到进阶,再到精通的"升级打怪全景图"。

这个学习地图有三大要素。

第一,关键挑战任务。

第二,设置不同层级员工的学习目标。

第三,确定学习完成结果证明。

先来说关键挑战任务。学习地图一定要从关键挑战任务入手。

比如,你们要做一个"双十一"销售推广活动。在活动准备、活动预热、活动爆发和活动复盘四个阶段,分别面临不同的挑战。

活动准备期的挑战是,如何进行跨部门的资源整合?

活动预热期的挑战是,如何进行内外资源的准备?

活动爆发期的挑战是,怎么监控异常事件?

活动复盘期的挑战是，怎么进行有效的复盘？

就像闯关一样，学习地图上标注了各个关口，每个关口都有妖怪在把守。这样他们就知道自己懂什么、缺什么，就像拼拼图，他们的学习会更有目标感。

有了挑战列表，接下来是第二步，需要设置不同层级员工的学习目标。

因为员工所处的层级不同，要学的东西当然也不一样。

就以"活动爆发期，怎么监控异常事件？"这个挑战任务为例。

专员级员工需要掌握的是，"如何根据异常事件处理流程，发现异常问题"。这属于在他人指导下工作，他能够学会发现问题的方法，就算达标了。

主管级员工需要掌握的是，"如何用异常事件处理流程，进行异常处理"。说明主管级员工需要学会能够独当一面的工作方法。

经理级员工需要掌握的是，"能够设计异常事件处理流程"。这体现了我们对经理级员工的要求，不再满足于做执行，而是要学会设计流程，并且指导他人工作。

总监级员工要做的可能就是，能够和技术部一起，开发异常数据监控系统。不仅要求对运营问题精通，还要求对系统、数据这些跨领域知识也了解。

你看，这么一分层，是不是对员工的发展要求和学习目标就清晰多了？

第三，学习完成结果证明。

也就是说，怎么证明员工完成了学习，可以是文件表单，也可以是某个标志性事件。

比如，经理级员工，在活动爆发期，能够设计异常事件处理流程。

那么，怎么证明他学会了呢？看这位经理设计的《异常事件处理流程文档》是否符合标准就可以了。

这种以工作为导向的学习，指向明确，学习效率会特别高，而且员工为了更好地完成工作，取得绩效，也会进入自动学习成长模式。

如果新员工入职前三个月，就能掌握这个学习地图，会让他们进入公司就有清晰的成长目标，可以加速新员工的成长速度。

比如，我们辅导的一家少儿练字的培训机构，就给新老师的培训做了一个学习地图。新老师入职后要通过六大关卡。

第一关，试听课考核。入职后，新老师要进行试听课培训，5天后进行现场考核。如果能通过，则继续后面的培训；如果不能通过，则试岗结束。

第一关通过以后，还有五关，每一关的间隔时间都是一周。

在这个过程中，新老师的关键挑战任务，就是每周都要通过通关考核的现场测试。

在这个过程中，不同层级员工的学习目标是不同的。

对于新老师来说，他的学习目标就是，消化吸收每一次的培训内容。

对于给新老师上课的培训师来说，他的学习目标就是，学会如何教老师，让所有新老师都掌握教学方法。

对于评委来说，他的学习目标就是，学会设计考核标准，并执行考核。

这样，每一个层级员工的学习完成结果证明，也就很明确了：

新老师的学习完成结果证明是：完成通关考核；

培训师的学习完成结果证明是：培训课件、教学教案、新老师考核通过率；

评委的学习完成结果证明是：考核打分表。

按照这个学习地图实践下来，第一，老师的成长速度比原来提升了一倍；第二，新老师的流失率大大降低，因为没有迷茫期，大家一进入公司就能快速地进入工作状态。

这就是设计学习地图的妙处。

进入知识经济时代，企业间的竞争主要是人才的竞争；而人才的竞争，归根结底是学习力的竞争。没有学习力的企业，很难有持久的竞争力。

总 结

如何在企业内部营造学习氛围，让团队"自动"成长？

第一，可以通过读书、读事、读人进行日常学习氛围打造；

第二，可以通过给员工一张"升级打怪学习地图"，来帮助员工在具体的挑战中快速成长。学习地图包含三个要素：关键挑战任务、不同层级员工的学习目标、学习完成结果证明。

实战练习

你们团队最近有哪些重要的项目，可以梳理出一个学习地图，让大家一起玩一次升级打怪的学习游戏。

第五章
负向激励

负向激励是为了激发员工的斗志,让他释放绝地反击的能量,快速成长。

前面讲的个体激励、岗位激励、规则激励、氛围激励，都是正向的。正向激励是通过制造各种诱因，促使员工有更高追求的一种行为，是对员工达到更高追求的一种褒奖。

那如果员工犯错了该怎么办，难道不能批评吗？不能惩罚吗？当然需要，所以这一讲我们就来看看负向激励，包括有效批评、适时激将、合理处罚、降职使用及危机激励五个方面。

有效批评
如何把员工犯错变成改进的时机

根据我多年辅导企业的观察，很多管理者都对批评具有畏难情绪，什么意思？就是员工犯错了不好意思批评。这是为什么呢？

因为一说到批评，通常意味着我们要控制或者干预对方的某些行为，在干预行为的过程中，有可能会爆发矛盾或冲突。所以，很多管理者就会觉得很难，总想回避，不愿意直接面对。所以我们需要先卸下心理包袱，因为冲突不见得是坏事。

图 5-1 是组织行为学家的一个研究成果，反映了在一个团队里冲突水平和绩效水平之间的关系。

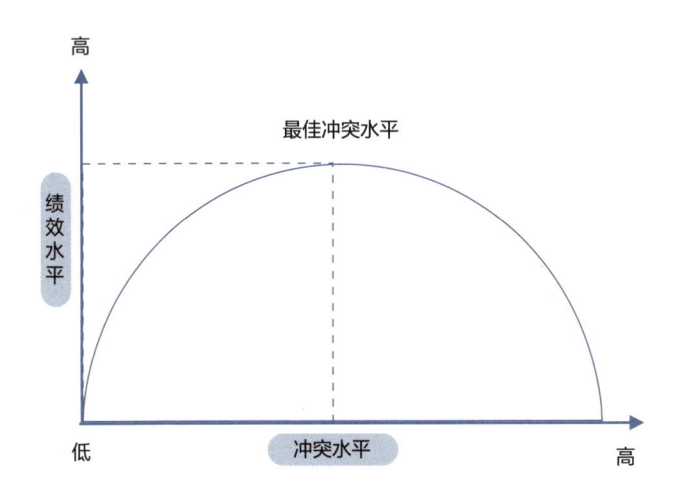

图 5-1 冲突水平与绩效水平的倒 U 型曲线

你发现了吗？按照组织行为学家的研究，其实，冲突水平和绩效水平是倒 U 型曲线的关系。

在一个组织里，如果完全没有冲突，那肯定是死水一潭。好公司都是关起门来吵架，大家拍桌子、摔茶杯，把问题都暴露出来，决策前充分讨论，最后决策定了，就坚决执行。而坏公司，则是一团和气，每个人都抱着多一事不如少一事的想法，只管自己的利益。与其在一团和气中走向平庸，不如在争吵中迈向卓越。

当然，如果一个组织里天天吵架，那肯定也不行。如果我们能把冲突控制在合理的范围内，冲突本身是有建设性的，是有价值的，因为它能促进彼此间信息的交互和沟通。

过去我们之所以会回避批评，可能是因为我们不会批评，很多人容易把批评表达成责备，甚至是发脾气、施加压力。可以想象，这里面包含了大量的观点、情绪，所以不仅会影响大家之间的关系，而且也根本起不到反馈的作用，说不定，还会产生巨大的情绪成本。

那有效批评是什么？不是告诉对方哪错了，而是告诉对方怎么做才能对。反馈的目的不是让他服，而是让他好。所以我们可以把批评当成一次刷新，把错误的行为覆盖，把新的局面呈现出来。

那究竟怎么才能做到呢？给你分享一个工具，叫作 BIC，如图 5-2 所示。

图 5-2　BIC 工具

- B——Behaviour，行为。
- I——Impact，影响。
- C——Consequences，后果。

连起来就是，你的行为产生了什么样的影响，从而会导致什么样的后果。用这个工具来跟别人做负面反馈，能够大大减少摩擦，缓解对方心中的对抗情绪。

首先来看 B——Behaviour。

当我要求你说出对方一个错误行为的时候，通常有两种表述方式，一种叫作事实，一种叫作观点。我们应该说事实？还是应该说观点？

每次我在课堂上问这个问题的时候，大家都说："应该说事实。"但是一做测试，发现大家很难识别什么是事实，什么是观点。有大量的管理者会把自己的观点当作事实，不信我说几个，你来判断一下。

比如，你最近总是迟到。这是事实，还是观点？

这是一个观点。

你可能有些疑问，难道总是迟到，不是事实吗？请注意，这有个词语，叫"总是"。如果你不能分辨，可以体会一下，假设你的老板走到你跟前说："你最近怎么总是迟到？"你会有什么感觉？

很多人的第一反应是："我哪有总是迟到，我这礼拜才迟到了三次。"

那什么叫作真正的事实，事实是一个客观发生的事情或者行为。把发生过的事情，原原本本地描述出来，这个叫作描述事实。

比如："小李，我看了一下考勤记录，你这周有 3 次迟到记录，分别是周二、周三和周五，分别迟到了 10 分钟、15 分钟、20 分钟。"这才是描述事实。

接下来看 I——Impact，指的是短期的、局部的、当下就能看到的负面结果。

比如，这周你迟到了 3 次，有没有想过这样会影响到部门的工作，因为你没有来，有的工作无法开展，而且你进入岗位之后，看到大家对你行注目礼,也会感觉很尴尬。

这就是上班迟到立马就可以看到的影响,直接明了。

最后来看 C——Consequences,这样下去会导致什么后果。

后果是长期的、大范围的、重大的,而且要跟他的个人利益挂钩。

为什么要说到 C 的层面呢?

因为员工会觉得自己犯了错无所谓,原因是他没有觉得这个事有多么重要。比如,他跟你出去和客户谈判,结果迟到了 5 分钟,如果你质问他,你怎么迟到了 5 分钟?他会说,客户还没来呢,着什么急呀?

他觉得反正客户没来,没耽误事,你干吗那么生气呢?他没意识到,跟客户约谈,如果迟到,会让对方觉得我们做事情不靠谱,可能会导致项目谈判的失败。我们需要让他知道这件事情的后果,同时要将后果与他的个人利益挂钩。这样,才会让他感受到你是站在他的立场思考,是在帮助他,希望他成功。

这就是 BIC——行为+影响+后果。

举个例子,比如:

公司有位客服人员不按要求填写《客户投诉问题反馈表》,你可以这么跟对方沟通:

"小李,你这周上报的 5 个《客户投诉问题反馈表》里,有 4 个没有按要求填写,有部分信息缺失的情况。

这样会导致后续接到反馈表的人，会反复和你确认实际情况，不论是电话确认，还是邮件确认，都会给你造成不必要的干扰，进而降低你的工作效率。

长此以往，大家会对你的工作能力和工作态度产生怀疑，不利于你建立良好的工作关系，也不利于你的工作业绩提升。"

这就是一个完整的 BIC，把影响和后果说出来，让员工感受到"领导在为我着想"。

但这并不是负面反馈的全部，我们还需要把批评引导到行为的改进上，具体应该怎么做呢？我们来看一个**完整的负面反馈流程，共有六个步骤**。

为了方便理解，我们用一个案例带你走一遍流程。

你有个下属叫小王，他有一个拖延的毛病，经常不按时完成任务，给客户的方案也总是推迟，你实在看不下去了，忍不住要批评他，这个 BIC 该怎么说？

你有没有发现，我刚刚在描述的时候，就埋了一个坑，拖延的毛病、经常、总是，全是观点，但现实中，我们心里不就是这么想的吗？

所以我们会脱口而出："你怎么经常不按时完成任务呀。"

那小王可能会说，"我哪有经常，我也就三次没按时完成吧。"看，这就杠起来了。

那应该怎么说呢，咱们来重新组织一下语言。

在开始之前，先做准备。准备什么呢？准备事实、准备 BIC，核心是准备好自己的心态,把情绪、观点过滤掉再谈话。

第一步:设定情境。

你可以说:"小王,今天我想跟你谈谈时间管理的问题。"

在谈话的一开始,开门见山指出问题,不要让别人揣测你的意图。这样做,不仅能避免误会,还能提前管理好对方的预期,让对方做好心理准备。

另外,设定情境的词语最好用中性词汇,比如时间管理、销售方法、沟通技巧等;不要用负面词汇,比如,今天我跟你聊聊拖延症的问题。这样一上来就定性了,对方会产生反抗心理,不利于接下来的沟通。

第二步:给予反馈——要用到的工具是 BIC。

先说 B,行为:

"小王,你跟客户说好的给方案的时间是 10 号,而你比约定的时间晚交了 3 天。"

再说 I,短期影响。

"这样客户心里会着急,也会对我们的交付能力提出质疑。"

最后说 C,长期后果。

"这样下去的话,我担心会影响你在客户心中的信誉度,也不利于你成为一名优秀的销售经理。"

BIC 要一口气说完。

第三步：鼓励和倾听。

"关于这件事情，我想听听你的想法。"

这也是和对方再次确认的过程，事情是不是我了解的这个样子，会不会有什么误会，让对方有表达的空间，他有自己的难处和委屈也可以说出来，同时你要给予肯定和鼓励，表达对他的欣赏，让他有信心面对。因为一个人只有在自信的时候，才愿意承认自己的错误。

所以，在这个环节，你可以对小王说：

"小王，我之所以把你升为销售经理，就是看中了你能准确把握客户需求的能力，我记得有一次，客户提出了一个特别难实现的需求，你跟客户反复沟通确认，才帮客户找到了真正需要解决的问题，而且提供的解决方案让客户特别满意。"

鼓励和倾听的目的是让小王感受到上级对他的肯定，给予他自信。

第四步：商讨改变。

"小王，你看看有没有办法做出一些调整，改变现状。"

这里一定注意，让他自己总结出来，需要做出哪些行动来改变，而不是直接告诉他怎么做。

第五步，行动总结。

"小王，现在可以根据你刚才说的，做一个工作计划，列出1、2、3，还有完成的时间节点。"

这其实是一个重启的过程，我们做反馈的目的是帮助员工刷新行为，通过这个计划，可以让接下来的改变有方向、有节奏地进行。

第六步，跟进计划。

"小王，我很看好你的工作计划，这样，下周三我刚好有时间，我们就你的工作计划完成情况，再沟通一次。"

这句话说完，小王就知道，这个工作计划不是说说而已，而是要落实到行动中。

同时，也是给他设定了一个反馈点。有了这个反馈点，他想把计划落实的愿望就提高了。我们可以在一个有边界的时间范围内进行观察，看看最终的计划能否落地。

这就是一个良性循环。

最后，在负面反馈的时候，有两个温馨提示。

第一个，注意场合。

原则很简单，就是能一对一的时候就不要当着别人；能小范围的时候，就不要大范围。因为负面反馈是为了刷新行为，让他改，让他好。但如果我们当众来说，那他面子上难免挂不住，会觉得委屈、愤怒。这些负面情绪全部涌上来之后，反馈的效果就会大打折扣，说不定还会起到反作用。

当然了，有没有领导在会上批评，效果还很好的呢？有。但是通常这种情况，需要这个人有特别强的领导权威和个人魅力。他在发脾气的时候，心里其实是有数的，他能够控制所有场面。甚至，他的目标可能已经不是批评本身了，而是想在更大范围内给更多的人施加压力。

第二个，注意时间。

负面反馈最好发生在对方犯错误后的第一时间，也就是说，不要攒起来翻旧账，当下就要去说。否则，过了很久再反馈，对方就会觉得，"这事你居然怀恨在心啊"。可以想象，这时候反馈的效果，就会大打折扣。

不管是场合还是时间，其实本质上，都是为了给对方营造安全氛围。人只有在觉得安全的前提下，才能够坦诚交流，沟通才能够更加地顺畅。

总 结

怎么把批评变成激励，是一个系统工程。

要做好准备，准备 BIC 和自己的情绪。

第一步，设定情境；

第二步，给予反馈；

第三步，鼓励和倾听；

第四步，商讨改变；

第五步，行动总结；

第六步，跟进计划。

实战练习

想一下你最近恰好要给谁做负面反馈,用这个流程来梳理一下吧。

适时激将
如何激发员工的战斗欲望，主动接受挑战

诸葛亮一生善用激将法，一激关羽，二激黄忠，都达到了很好的效果。不过，最精彩的，还是赤壁大战前与周瑜的那场谈判，其善于巧言相激的说服艺术真是发挥到了极致。

公元208年，曹操亲率大军南征。江东的孙权摇摆在抗曹与降曹的两种选择之间。

周瑜是对孙权决策影响最大的人物，一旦抗曹开始，他必然也是主帅，诸葛亮必须要说服他抗曹，并调动起他强烈的抗曹愿望。

一天晚上，鲁肃引诸葛亮会见周瑜，鲁肃问周瑜："今曹操驻兵南侵，是战是和，将军欲如何？"

周瑜说道："我的意见是和为上策。"鲁肃大惊道，"江东三世基业，岂可一朝白白送给他人？"

周瑜说道："江东六郡，千百万生命财产，如遭到战祸之毁，大家都会责备我的，因此，我决心讲和为好。"

诸葛亮听完他们的对话，说："我有一条妙计，只需差二名特使，驾一叶扁舟，送两个人过江，曹操得到这两人，百万大军必然卷旗而撤。"

周瑜急问是哪两人。诸葛亮说道："曹操本是名好色之徒，打听

到江东乔公有两位千金小姐，大乔和小乔，长得美丽动人，曹操曾发誓说，他有两个志向，一是扫平四海，创立帝业，流芳百世；二是得到江东二乔，以娱晚年。江东失去这两人，丝毫无损大局；而曹操得到这两人必然心满意足，欢欢喜喜班师回朝。"

周瑜听罢，勃然大怒，嚯地站立起来指着北方大骂道："曹操老贼欺我太甚！"

诸葛亮表面上是急忙阻止，其实是火上浇油，说道："都督忘了，以前少数民族多次侵犯疆界，汉天子就把公主许配给他们来和亲，现在怎么怜惜民间的二位女子啊？"

周瑜说："您有所不知啊，大乔是孙策的老婆，小乔是我周瑜的老婆啊。"

诸葛亮这时，假装惶恐的样子，说："真没想到是这么回事，我真是胡说八道了，该死该死！"

周瑜说："我与曹贼势不两立，我既承了孙策的重托，怎么能投降曹操，刚才所说的话，是用来试探你的，我自从离开鄱阳湖，就有了北伐的意思，虽然刀斧架在头上，也不能改变这个意志！希望先生助我一臂之力，一起攻破曹军。"

于是孙、刘结成的抗曹联盟得到巩固，赢得了赤壁之战的重大胜利。

诸葛亮首先了解到周瑜的气量比较窄，容易被人激怒，再者他也知道，大丈夫连自己的妻子都不能保护，是人生的一大耻辱，周瑜绝不会忍受这样的耻辱。

第五章 负向激励

常言道"遣将不如激将",在人才激励的过程中,企业领导者如果能够巧妙使用激将法,有时候会收到意想不到的效果。

什么叫激将法呢?激将法是利用人的逆反心理,通过贬低对方来激发他求胜欲望的一种方法。这种方法也叫反向激励法,主要是抓住被激励者的心理,狠狠地泼他一盆冷水,打击一下他的情绪,在强烈的刺激下,能让对方在愤怒之下迸发出更强大的力量。

有时候人的想法很奇怪,委婉的劝说不起作用,反而刺激他的自尊心,却能得到意想不到的结果。

我经常会在课堂上做一个调研:那就是,在你成长的过程中,是别人给你的正面反馈,像表扬、肯定、欣赏,让你变得越来越好?还是负面反馈,像否定、打击、嘲讽,让你越来越好?绝大部分人都会说,当然是肯定、认可、欣赏,但也有个别人会说是否定和打击。

我还记得,有一次上课的时候,一位公司的董事长说,他就是因为被集团的领导狠批了一次,并且告知他,如果公司再这样亏损,直接解散团队。

自从那次谈话后,他仿佛被激活了一样,回去就跟团队想尽各种办法,共同奋战,结果只用一年时间就让公司扭亏为盈,三年时间利润翻番。现在回想起来,他还特别感谢那位领导,当头一棒,把他打醒,才有了后面"知耻而后勇"的奋力拼搏。

还有一位学员也有相似的经历。他上高中的时候,有一天下楼,碰到了他们校长,校长就问他:"你打算考什么学校?"他有点骄傲地说:"当然是985和211。"校长听完之后,就很藐视地说:"就你现在的努力程度,能考上专科就不错了!"他听了以后,非常不服气,在最后的一年多时间里,奋发图强,一定要证明自己,最后考上了一所重点大学。现在他都已经工作很多年了,可是,每次回老家都会去看看老校长,当时如果不是老校长的那句话,估计也没有他的今天。

你可能会想:"哦,原来激将法这么简单,只要否定他、打压他,就可以了。"当然不是,这里强调一下,激将和否定完全不同,激将的目的是表达期望,激起对方证明自己的欲望,而不是单纯的贬低与否定,不是让对方觉得自己一无是处。

所以这也解释了,为什么有时候,我们明明知道是激将法,却还会"中计"。因为从本质上讲,领导是想通过这种方式间接地表达他的期望,激发你证明自己的欲望,从而采纳他的建议。

那我们在管理的过程中该怎样用好激将法呢?

一般说来,激将法通常有两种表现方式,一种是直接激将,另一种是间接激将。

那究竟哪种方法更有效呢,我们看这么一组实验。

假如你所在的公司有一个策划项目需要完成,这个项目比较棘手,而且时间非常紧张,要求在一周之内给方案。按照你的工作经验,这个项目正常至少需要10天才能完成,而且收益不高,所以你并不想接这个项目。

这时候,主管来找你谈话。如果不用激将法,他可能会说:"我知道这个项目比较棘手,对你来说能从中获取的利益也不多,但我希望你能接管这个项目。"

而如果用直接激将，他可以这么说："你不想接管这个项目，是因为你清楚，以你目前的能力，不可能在这么短的时间内完成，所以你打退堂鼓。"

那间接激将的说法是："跟你同期进公司的小李起初能力和你差不多，但人家勤奋努力，现在他已经是项目经理了，你想不想抓住机会，多锻炼一下自己的能力，赶超小李？"

看完例子，你应该很明确什么是直接激将、间接激将，以及没有激将的说法了吧。

实验结果显示，被激将的组更愿意接管这个项目。直接激将组和间接激将组之间没有显著差异。

所谓激将法，就是面对面直截了当地刺激对方，鼓动他去做原来不能做、没打算做、不情愿做或者不敢做的事。

这里还要强调一点，激将法虽然能起到很好的效果，但是要慎用，如果用不好，就会有风险。

怎样使用激将法呢？有以下三个原则必须掌握。

第一个原则，因人而异。

需要提醒管理者的是，在运用激将法的时候，一定要注意区分对象，要根据员工的性格确定是否运用激将法。

一般来说，如果员工自尊心强、争强好胜、在意个人名声、重视工作成绩、具有挑战精神，就可以实施激将激励。但如果员工敏感多疑、办事谨小慎微、性格相对绵软、"内驱力"不强，则很容易产生适得其反的效果，他会把你的激将之言视为讽刺和奚落，负面情绪爆发，导致"心死"或者"摆烂"，那么激将的结果就从根本上背离了我们激励的宗旨。

第二个原则，把握时机。

必须要看准时机运用激将法。不能推出得太早，在各类条件环境都不具备、时机尚不成熟时，草率地激将，结果会是任务失败，大大挫伤员工的信心，降低工作热情。

但是激将法也不能推出得太迟。任务接近尾声，最难的攻坚阶段都已经结束了，上级突然发起激将，让大家都感觉莫名其妙，像是白送成果给激将对象一样，有分配任务不公平的嫌疑，不能起到应有的效果。

第三个原则，拿捏分寸。

在使用激将法之前，一定要对对方的性格有比较透彻的了解。运用激将法，不能不痛不痒，也不能过犹不及。不痛不痒会给人隔靴搔痒的感觉；而如果言语过于尖刻，则会让对方误认为是对自己的人身攻击。

最后，还是请你再往深思考一步，为什么一个人在被打压之后，反而奋起直追了呢，这恰恰说明他的内心深处是多么渴望得到一个肯定。所以，如果激将法能起作用，就需要立马给予肯定和认可，这样效果才会更显著。

总　结

激将法是利用人的逆反心理，通过贬低对方来激发他求胜欲望的一种方法。激将与否定的本质不同在于，激将实际上表达的是一种期望，而不是单纯地用刻薄的语言去打击别人。

激将法通常有两种表现形式：一种是直接激将，另一种是间接激将。

在使用激将法时，要注意因人而异、把握时机、拿捏分寸。

实战练习

如果你恰好要激发一个人的战斗欲望，让他主动接受挑战，那么，尝试使用一下激将法吧。

合理处罚
如何通过处罚维护边界且让员工自愿遵守

先来看一个联想柳传志关于开会迟到罚站的案例。

在联想内部，柳传志曾经制定过一个开会制度：任何人开会迟到，罚站1分钟。

结果有一次柳传志自己迟到了，也站了1分钟。然后，迟到就基本上杜绝了。

直到有一次，柳传志的老领导也迟到了，而且这次迟到是因为早上他的车坏在了路上，紧赶慢赶，还是迟到了。那这个时候，是让他罚站呢？还是不罚呢？

如果柳传志说：迟到该罚，作为晚辈，我替您罚站吧。这样行吗？这就像吃饭时说"领导，这杯酒，我帮您干了"一样，起不到惩戒作用。

而当时，柳传志对老领导是这样说的：您站完后，我到您家门口也站1分钟！他的老领导站出了一身汗，他也坐出了一身汗。柳传志说：当时的确尴尬，但是制度必须严格执行。

关于处罚，很多管理者都觉得很棘手。员工犯了错，要不要处罚？什么情况下处罚？应该怎么处罚？处罚时应该注意些什么？

首先回答第一个问题，要不要处罚？

当然要。在企业中，一定有不能触碰的红线和不能逾越的边界。如果一味地宽容，对不良行为的过度容忍会导致整个组织的涣散，因为对恶人的宽容就是对好人的不公。

第二个问题，什么情况下处罚？

有两种情况。

第一种情况是，当出现算术错误时。

在创新激励那一节中，我们探讨过容错的问题，允许犯高数的错误，但不允许犯算术的错误。高数的错误，是高级错误，是创新的风险，需要允许；但算术的错误，是低级错误，完全是因为粗心，决不允许。所以，当企业中出现算术错误时，需要有惩罚的规则。

第二种情况是，当违反规章制度时。

如果把企业文化比作道德，那么规章制度就是企业的法律，违反道德会有人谴责你，但违反法律会有人抓你。在企业中也是一样，如果员工的所作所为不符合企业文化，你应该批评他；但违反规章制度，你必须惩罚他。这样，企业才能在地板之上、天花板之下良性经营。

那么，员工犯了错，应该怎么罚？具体应该怎么操作呢？这个步骤和处理交通事故一样，先定损，再定责，再定方案。

我们用一个案例来说明。

有一次，客户发了一个信息，说他碰到点问题，想请我帮忙出主意。

情况是这样的：运营助理在日常工作中往客户群里群发直播预告的时候，由于是复制的其他竞争对手的文案话术，结果非常粗心地把链接也复制过来了。没有经过任何复核，就这么群发出去了，给竞争对手助攻了一波。他来找我咨询，这种情况，对于执行者和管理者应该做什么等级的处罚呢？

这种神操作，不仅让老板丢了面子，造成直接经济损失，还被客户嘲笑。老板脸都气绿了，交代一定要狠罚这个员工。

做坏人不容易。总经理就犯了难，不知道该怎么罚，才能合情合理。

那我们就按照交通事故的处理方法来处理。

第一步：定损，给公司造成了多大损失。

经过测算，直接损失，从流失金额来看，比日常高出9万多元。

间接损失无法估量。老板格局大，当时表态，间接损失就不计算了。按直接损失来定，确定损失为9万元。

第二步：定责，如何分配责任。

责任的主体有公司、总经理、部门负责人、事情负责人等。

具体到该案例，涉及的员工有总经理、运营主管、运营专员和运营助理。

逐层分析责任大小。

首先，公司有没有责任？有多大？

员工为公司工作，意味着一切行为，都是在公司的授权下进行的。他的行为造成的后果，应该由公司承担。

所以，不管员工在工作上如何犯错，公司都至少要承担一半的责任。剩下的一半，再追究各级管理层，直至当事人。

强调一下，任何时候，都不能让员工担全责。如果出了事，就让员工担全责，员工会纷纷离开。而且，江湖上关于你公司的传闻就变成了："去别的公司上班，买房买车；去你的公司上班，卖房卖车。"拿着4000元的工资，担着几十万元的风险，太不划算了。

所以，公司责任比例为50%。

接下来，对总经理、运营主管、运营专员、运营助理等各级当事人进行责任划分。

首先是总经理，对公司行政管理负责。

如果是管理问题，则从总经理开始往下追责。如果是业务问题，则从部门主管开始。

而这个事件被定性为业务上的事故，无关行政管理。所以，总经理责任比例为0。

往下是运营主管，属于部门负责人，对岗位的目标负责，负责监督团队做事，具体动作为分配、监督、考核、反馈。

在此案例中，有管理失察的责任，所以运营主管需要担责。

那么，如何给运营主管定责呢？可以从3个问题开始：

① 流程有没有？

流程：是规定员工按步骤做事的，让员工有法可依。

② 监督制度有没有？

制度：是辅助流程落地实施的相关制度，让员工有法必依。

③ 监督有没有做好？

监督：是对流程、制度执行的日常监督。

所以，运营主管的定责流程如下：

如果流程缺失或不清晰，则运营主管严重失职，承担全部责任；

如果有流程，没有制度，则为管理失职，承担60%责任；

如果有流程、有制度，缺少监督，则为失察，承担40%责任；

如果有流程、制度、监督，但仍然犯错，则运营主管无责，员工担责。

再根据具体情况，在上述几档的基础上，酌情进行微调。

在本案例中，经过了解，活动前群发消息的工作，有规定好流程，但平时缺少了督促的相关制度。只在日常工作上进行过多次口头强调，视为有监督动作。

运营主管的工作总结为，有流程，无制度，有监督。

所以定性为：运营主管承担30%的责任。

再往下是运营专员，对岗位的行动计划和业务结果负责。

运营专员没有检查到位，只检查了文案，忽视了对链接的检查。

所以定性为：运营专员承担10%的责任。

最后一级是运营助理，负责执行运营决策。

执行者，只是按照负责人交代的要求来做事，对过程负责，不对结果负责。

如果过程无错，结果有错，则执行人无责。如果过程犯错，除各级领导承担的责任外，剩余部分由当事人承担。如果是累犯，屡教不改，则责任要加重，其他人相应减轻。

本案例，执行者粗心大意，懈怠于提升自身技能和职业素养。

定性为：运营助理承担10%的责任。

最终责任划分如图5-3所示。

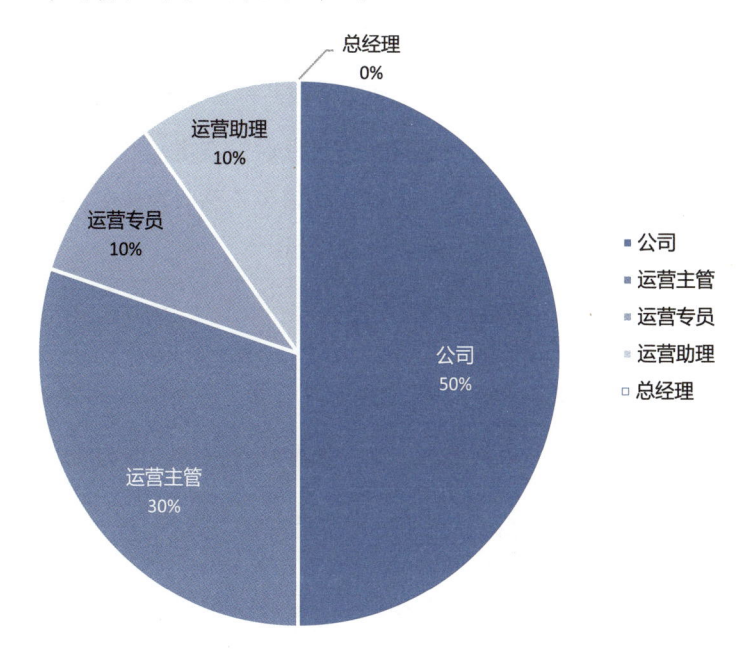

图5-3 责任划分

第三步：定方案。

除了上面的责任分配和损失金额，员工还关心以下几件事：

会不会被通报批评？这么大金额，承担不起怎么办？什么时候交罚款？

老板也思考几个问题：

员工会不会接受？员工不接受，抗议怎么办？如果员工因此离职怎么办？

1. 会不会被通报批评？

罚款的目的，是警醒员工，所以通报批评是必须的。

至于要不要指名道姓地通报，还是只通报事情，不通报人名，这都看老板的意思，法无定法，以不伤害员工感情为基础。批评的效果是激励和鞭策，不要变成羞辱和打击。

2. 金额较大，承担不起怎么办？

可以分期付款。分 3 期或 12 期，从工资、年终奖里扣除。

如果给公司造成重大损失，则应设置各级别的赔偿金额上限。

3. 员工不接受怎么办？

职场沟通的原则是，坏消息要当面沟通。处罚通知，不能只是一纸公文，而是先和当事人沟通。

沟通的时候可以参照前面讲到的有效批评的内容。

4. 导致员工离职怎么办？

老板如果觉得处罚过重，担心员工离职，可以私人为员工承担部分。

但不影响上述的定责定损和处罚通告。规则之下的人情，是允许存在的。

5. 确定最终方案。

经过定损、定责、沟通，理性和感性兼顾的最终方案为：

公司：承担损失的 50%，90000×50% = 45000；

总经理：不担责，但需要代表公司作出反省；

运营主管：承担 30%，90000×30% = 27000，分 6 期从工资里扣除；

运营专员：承担 10%，90000×10% = 9000，分 6 期从工资里扣除；

运营助理：承担 10%，也是 9000 元，分 6 期从工资里扣除。

这就是处罚的三个步骤：定损、定责、定方案。

除此之外，我们还要看看，处罚时应该注意些什么？

在管理学中有一个概念，叫作"热炉法则"。热炉就是烫手的火炉，就是组织中任何人触犯"规章制度"都要受到处罚。那么对照"热炉法则"，我们来看看处罚应该有哪些原则。

第一，即时性原则。

当碰到热炉时，立即就被烫伤。同理，员工违反规章制度，必须立即惩罚，不能拖延，这样员工才会把惩罚和错误紧密关联起来。

第二，警告性原则。

火炉摆在那里，要让大家知道碰触就会被烫。同样的道理，公司不能把规章制度锁在抽屉里，到了惩罚时再拿出来。一定要不断地宣传、公示，让员工事先知道，并且接受，惩罚才能服人。

第三，一致性原则。

你这次摸火炉烫手，下次摸还是烫手，从不例外。同理，规章制度的执行，必须前后一致，不能左右不定，否则会让制度成为摆设，失去作用。

第四，公平性原则。

不管谁碰到热炉，都会被烫伤。同理，规章制度的执行，大忌就是"刑不上大夫"，只处罚基层，不触碰高层；只处罚新员工，不触碰老员工。如果规章制度对一部分人严格，对另一部分人宽松，那么有比没有更糟糕。

员工犯了错，批评要有，惩罚也要有。如何罚得合理，罚得心服口服，罚出威严，是一门学问。以上三个步骤和四个原则还需要结合公司的实际情况，灵活应用，才能做出最终的处罚方案。

最后，罚是手段，不是目的。员工犯错，大概率是管理上出了问题。要以此为契机，展开复盘分析，找出问题，迭代流程，从根本上解决问题。这叫榨干失败的价值。

总　结

当员工犯了错，应该怎么罚？具体应该怎么操作呢？

分为三个步骤：先定损，再定责，再定方案。

处罚时，应该遵守哪些原则？

第一，即时性原则。

第二，警告性原则。

第三，一致性原则。

第四，公平性原则。

实战练习

来梳理一下，你们公司的处罚规则和流程清晰吗？

降职使用
如何让"躺平式"干部站起来、跑起来

在你的团队中,有没有"不犯事也不干事""不碰红线也不就高线"的管理者?俗称"躺平式"干部。平时不违纪违规,正常上下班,但是不愿开拓创新,更不愿承担急难险重的任务,主打的就是"无功无过"。

在一个组织中,我们常见的管理者可分三种:积极进取型、老实守摊型、消极懈怠型。整体而言,这三种类型的管理者呈两头少、中间多的"橄榄型"分布。消极懈怠型的管理者虽是极少数,但影响管理团队的整体工作氛围,还容易成为团队矛盾激化的导火索。

那么,如何能够有效激发管理者的活力,推动干部队伍"站起来""跑起来"呢?

在第二章岗位激励中,我们曾提到过,用岗位任期制在企业内部建立能上能下的干部管理机制。那么如何"下"呢,这是本节要探讨的主题——降职。

先来看一个案例。

招商银行成立于1987年,初创之时,恰逢国有企业改革,秉承创始股东招商局的市场化基因,针对国有企业干部"铁交椅"、员工"铁饭碗"、收入"铁工资"的弊端,建立了"六能"机制,即"干部能上能下""员工能进能出""收入能高能低"。用"六能"取代"三

铁",这是招商银行成为国内商业银行"零售之王"的重要保障。

中小银行建立"六能"机制,面临诸多困难和挑战,首当其冲的是"干部能上能下"。

招商银行在建行之初,因为业绩不理想和出现风险,严格对干部进行问责和处罚,降职免职的不在少数,其中还包括总行多名副行长被降职为行长助理乃至部门总经理,这在当时的同业中是很少见的,对于主要从同业而来的各级干部产生了很大的震动。活生生的事实让全行上下的干部警醒,在招商银行干不好就要被淘汰,一刻也不能松懈;也让想加入招商银行的干部慎重考虑,没有真本事不能去。这样,来招商银行的干部绝大多数都是优秀人才,来了之后全力以赴,这是招商银行发展好、竞争力强的最重要因素之一。

他们几十年如一日,坚持"干部能上能下"机制,对每年考核排名后10%的干部负向激励,有的干部被一撸到底变成员工;当然,能下也能上,被降职撤职的干部在业绩和表现变好后,还能继续升职使用。

建立"干部能上能下"机制,重点是解决能下的问题。为此,他们决定以"红黄牌"制度为突破口,完善干部退出制度。主要从以下几个方面入手。

1. 考核对象与规则

"红黄牌"制度初期应用的考核对象涵盖分行、支行、网点三级机构的一把手,分行、支行的公金、零售、风险三大业务条线分管副行长及相关部门负责人。

考核规则为：按照季度综合或专业考核考评结果，对各层级各类别排名后 10% 左右的机构及对应管理干部赋黄牌，对考核年度内连续 2 次或累计 3 次得黄牌的管理干部赋红牌。

2. 考核实施与路径

"红黄牌"制度在分支行及网点的实施路径因条块差异较大，应在充分考虑各类主、客观因素的基础上进行个性化设计，尤其是各个绩效考核表单的设计要科学合理、公平公正，避免因指标设置不合理影响考核的权威与赋牌的实施。对分管工作跨部门、跨条线或涉及中后台部门的被考核人员，应科学设定分管业务表单得分与所在机构综合经营表单得分的比例，形成综合评分，纳入分管业务条线，进行排名考核。

3. 豁免与不豁免

季度考评得分 80 分（百分制）以上或新任职不满 3 个月的，免赋黄牌。

年度考评得分 90 分（百分制）以上的，免赋红牌。

因客观或不可抗力因素导致考评结果不佳，经集体决策审议同意的，免赋牌。

考核年度内，对因被考核人主观故意或重大失职导致发生恶性案件、重大合规风险事件，或给银行造成重大经济损失的，不予豁免。

4. 考核结果运用

对季度考核赋黄牌的干部，分行、支行、网点三级机构一把手由上级机构一把手亲自组织绩效面谈，分析落后原因，制定改进计划，并做好面谈记录。各层级赋黄牌的副职干部则由上级分管行领导进行绩效面谈。

对年终总评赋红牌的干部，按照干部管理权限采取降薪、降职级、降职务、调整岗位等负面激励措施。

5. 向上恢复机制

对被赋红牌的人员在下一年度年终总评中考核位列前10%或考核表单得分超90分（百分制）的，可恢复原待遇。恢复原待遇后，累计赋红牌次数清零。

招商银行对干部的考核一向比较严格，真正做到了多劳多得、优胜劣汰，使得各级干部尤其是各级一把手不能"当官"，只能干事，一点不敢松懈，必须保持激情，全力以赴做好工作。招商银行的成功离不开一支优秀的干部队伍。

能上能下的干部管理机制，能够让管理者时刻保持危机感和紧迫感，勇于担责，积极进取，对激发管理团队的活力具有重要意义，同时也让真正优秀的人看得到上升的平台和希望。

但在现实工作中，调高"座位"对绝大多数管理者而言，不会面临太多困难，但如果把一个人的"座位"调低或"赶下车"，就需要颇费一番心思了。

即便是像通用电气那样的国际大企业，在给员工降职这件事上，也面临着种种障碍。

在通用电气，每年按照制度规定，会强制淘汰考核成绩后10%

的员工,但经理们会想出各种各样的花招来避免确定这底部最差的10%。有时候,他们把那些当年就要退休或者其他已经被告知要离开公司的人放进来,有一位经理甚至把一位两个多月前就已经去世的员工确定为底部的10%。

正是因为下行配置面临的压力比较大,有的管理者或者HR就采取回避的方法,不主动降职或辞退员工,从而导致组织人事制度僵化,论资排辈问题滋生,员工缺乏工作压力,最终腐蚀掉组织的竞争力。

那么如何才能做好"降职"工作呢?如何通过降职的方式,既能促进组织的更新换代,又能不让员工产生怨言呢?我们需要遵守以下"四有原则"。

第一,降职有法。

所谓有法,指的是有相应的降职管理办法,规定在什么条件下对员工降职使用,而且在办法中明确降职之后重新聘任的职务和薪酬。

有法可用,这是做好降职的第一步,也是非常重要的一步。有的公司对员工采取降职处理后,员工之所以情绪很大,也很不服气,非常重要的一项原因就是没有明确的降职办法,降职决定源于领导的临时决策,在员工看来,这里面掺杂了太多的人为因素,被降职的员工可能认为降职决定是专门针对他个人的,是领导"修理"他们,并不是他们工作干得不好。一旦有了这种想法,这些被降职的员工就会对自己和领导的关系疑神疑鬼,而不是反思工作。

关于降职使用的制度和办法,大致有两种类型。

一种是考核或违规降职法。在这种办法中,要明确以下内容:在什么情况下员工被降职使用;被降职后重新聘任的职务、薪酬待遇等。

另一种是主动辞职法。在有些公司,针对一些业绩比较容易量化的领导岗位,如销售部经理,为鼓励工作绩效比较差的领导提前退出岗位,可以考虑制定一种主动辞职的方法,而不必等到考核期结束后采取组织程序进行降职。在这种情况下,主动辞职的员工重新聘任的职务和薪酬待遇一般比采取组织程序降职的员工高一些。

第二,降职有理。

所谓有理,指的是合乎情理。合乎情理的制度,才能减少抵触情绪,获得大家的认可。

在降职使用中,合乎情理体现在考核办法、违规处罚的办法等从制度设计上体现出公平性、合理性;另外,降职使用的程序要充分考虑当事人的感受,甚至忍受其过激的行为,耐心做好心理辅导工作。

其中,考核办法的合理性是最重要的因素。

首先,考核结果和考核周期必须一致。比如工作未满全年,却要用全年的考核结果衡量被考核人,便是缺乏合理性。

其次,充分考虑工作的起点情况。赛跑的时候,起跑线一致才能分出谁是胜者,考核也是一样。如果公司想通过考核排出个人名次,工作的起点也应该一样。

最后,认真对待被降职者的申述。员工被降职使用后,想方设法为自己进行申辩是很正常的，HR应该认真倾听申述者的辩解，分析其理由是否充分、合理，然后进行详细、认真的解释，确保申述者认同降职决定。

第三，降职有据。

从本质上讲，降职使用属于一种处罚，因此，只有拿出可靠的证据，才能让当事人心服口服。

更重要的是，从依法合规的角度出发，企业在对员工进行降职处理时，也要准备好可靠的证据，否则如果降职行为引发劳动纠纷，将陷入极为不利的局面。

组织采取的降职方法包括考核降职、违规降职等。要想拿出考核降职证据，需要引入完善的绩效管理，用绩效考核的结果作为依据；要想拿出违规降职的依据，则需要借助财务审计、监察等手段，明确当事人的责任。

在采用绩效管理方法时，年初要制定绩效计划，明确员工需要达到的目标及考核评分标准，这些目标最好以能够量化、可衡量的客观指标为主，避免采用人为因素较多的非量化指标。在采用审计和监察等手段时，首先要完善管理的流程，财务支出、重要决策的批准、经办等各个环节都要留下相关人员签字的材料，一旦出现问题，确保有据可查。

第四，降职有望。

所谓有望，指的是给降职者留下希望，在未来的工作中，只要在新岗位上表现出色，他们同其他人一样，享有同等的晋升机会。

在许多人看来，员工一旦被降职使用，就等于被判了死刑，在公司的前程也到此为止，未来不可能有进步机会，更不可能被重用，降职者等于被贴上了失败者的标签。一旦员工有了这种认识，无论对员工个人还是对公司，都是极为不利的。

在高明的管理者看来，这些曾经有"过错"的人，也是公司的一笔财富。大胆使用这些因"过错"而被降职的员工，有以下好处。

首先，可以有效激励降职人员。同其他员工相比，降职人员更珍惜来之不易的机会，因此渴望再次证明自己，会尽其所能地把工作做好。

其次，重新使用这些降职人员，更能让其他员工感觉到，无论是谁，只要工作表现差，都有可能被降职；同样，只要工作表现好，即使是降职人员，也可能被提拔重用，从而塑造一种绩效导向的文化。

因此，只要员工不存在重大的违规犯罪等行为，应该给降职人员同样的晋升机会。

当然，降职对当事人来说都是一次不小的精神打击和心理挫折，并且会产生一系列心理不适反应，如焦虑、抑郁、愤怒、对他人的敌意、自卑、破罐子破摔等，能处理好自己的情绪，并且稳扎稳打，从低谷走出来的人，其实并不多。因此，作为管理者，需要帮助犯错的员工从低谷中走出来，重回业绩巅峰。

首先，你需要帮助他重新赢得团队的信任。

因此，你不能把他当成犯错的员工对待，犯错已经是过去式，需要一视同仁地对待，否则，你的另眼相看会让其他员工跟风，对他也另眼相看，这样对员工是非常不利的。

你需要一分为二地对员工做出客观评价，对于他过去有价值贡献的方面给予适当的肯定，对于所犯的错误进行复盘总结。

这样不仅可以帮助员工重新找回信心，而且团队其他成员也会重新建立对他的信任。

其次，管理者需要帮助犯错的员工重新确立目标，以及明确完成目标的关键任务。

因为员工被处罚，自信心被打击，往往情绪处于低谷期，对于工作会出现没有头绪、无从下手的情况，作为管理者，需要帮助他分析，如果想重回业绩巅峰，当前的目标是什么？为了完成目标，关键任务又是什么？

因为越是困难的时候，资源越有限，把他仅有的资源集中在最关键的目标和最关键任务上，只有力出一孔，才能尽快破局，走出低谷期。

第三，当目标清晰后，就要跟员工一起制订有效的执行计划。

有了团队的信任、清晰的目标、关键的任务、有效的计划，对于犯错的员工来说，就犹如有了救命的稻草，会一步步从泥潭中走出来。这个时候，你的及时鼓励，会让他动力十足。

诚如曼德拉所说："生命最伟大的光辉不在于永不坠落，而是坠落后，能够再度升起。"合理使用降职激励，能够激发一个人绝地反击的潜力。

总 结

如何做好"降职"的工作，既能促进组织的更新换代，又能不让员工产生怨言呢？我们需要遵守以下"四有原则"：

◎ 降职有法；

◎ 降职有理；

◎ 降职有据；

◎ 降职有望。

作为管理者，如何帮助犯错的员工从低谷中走出来，重回业绩巅峰？

有三个步骤：

第一，帮助他重新赢得团队的信任；

第二，梳理出清晰的目标和关键的任务；

第三，制订有效的执行计划，同时给予他及时的鼓励。

实战练习

在你的团队中，是否有"躺平式"干部，可以借鉴本节的内容，设置能上能下的干部管理机制。

危机激励
如何将危机转化为动力,绝处逢生

在每个企业的发展历程中,都会经历一些摇摇欲坠的危机时刻,为什么有的企业会在危机中一路下滑彻底失败,有的企业却能力挽狂澜挺过去,进入下一个周期?有一个很重要的区别就是组织能力。有没有调动所有员工的积极性,让每个人都心往一处想,力往一处使,共同走出危机,而不是靠一两个所谓的英雄孤军奋战?在真正的危机来临之时,身为领导者,到底应该如何激励?

我想用一个案例来解读这一节。

2010年,发生了一件可以被称为企业经营管理史上的奇迹事件。年过七旬的日本企业家稻盛和夫,仅仅用了14个月的时间,就成功地拯救了世界第三大航空公司——日本航空(以下简称"日航"),让它从年亏损1328亿日元变成了年盈利1884亿日元。

这次拯救之所以被称为奇迹,主要原因有三点。

第一,稻盛和夫决定接受拯救日航这个任务的时候已经78岁高龄,作为一个门外汉,他没有带任何团队,单人赴任,零薪水任职,一分钱股票没拿。

第二,14个月就扭亏为盈,一年创造了1884亿日元的利润,这是日航成立60年以来的历史最高记录,在当时全世界727家航空公司中排第一。

第三，在稻盛和夫的努力下，两年八个月后，日航重新上市。在这之前，日本战后 138 家上市企业破产重建，成功的只有 9 家，平均用时 15 年，最快的也用了 9 年，而日航只用了两年八个月。

所以，稻盛和夫创造了一个前所未有的奇迹，而且这个奇迹是从别人眼里无法收拾的烂摊子开始的。

那么，破产的日航究竟有多烂？我们可以看一看。

第一，破产的日航负债约为 2.3 万亿日元，所有人都认为日航必死，哪怕稻盛和夫去接了这个烂摊子。大家都认为他老人家最好别去，去了搞不好一世英名化为流水。

第二，特别典型的大企业病，破产前，日航整体的成本意识特别单薄，人人都是大花洒，只管花光预算，不考虑回报。

第三，高管完全在那闭门造车，脱离一线现实，经营、计划两张皮。

第四，不同的部门犹如不同的公司，老死不相往来，大家都只看着自己的一亩三分地。

第五，破产前日航约有 49600 名员工，后来被迫裁员约 17000 名，但剩下的约 32600 名员工，基本上精神萎靡、人心涣散，而且特别奇葩的是，日航有 8 个工会，彼此之间勾心斗角。

就这么一个烂摊子，稻盛和夫怎么单枪匹马去拯救它？

稻盛和夫当时就用了三板斧：

第一，走访、走访、再走访；

第二，谈话、谈话、再谈话；

第三，学习、学习、再学习。

接下来，我们就一起来看看稻盛和夫是如何通过这三板斧拯救日航的？

首先，走访、走访、再走访。

怎么走访呢？他老人家78岁高龄，在日航的前100天，走遍了日航所有的一线机场和设施，以及所有国内外的分公司，就是为了了解一线的实际情况。

走访之后，稻盛和夫写了一封内部公开信，其中有一句触动了很多人的内心，这句话是：请记住为你做出牺牲的人，为了保住你们的留任，我们已经裁掉了一万七千人，所以，恳请剩下的同事拼命工作，珍惜他人牺牲创造的机会。

第二个是，谈话、谈话、再谈话。

他跟所有日航部长以上的高管，就相当于我们的分公司总经理谈话，一共107人，每个人平均一小时，一对一谈话。

谈完之后，他其实对日航的情况已经有了明确的判断，这个时候开始使用他的终极武器，就是第三个，学习、学习、再学习。

怎么学？高层学习，中层学习，全员学习，目的就是统一全员思想。

那我们看看稻盛和夫怎么让别人去学习。首先高层学习，稻盛和夫特别强调这叫作领导人教育，不叫管理培训。

刚开始，这些高管还嘲讽说，他们听到的都是小学生都会的道德准则，请您不要再给我们讲这些无聊的话了。大家都不耐烦了，甚至很多人很失望，说稻盛和夫是不是失灵了。

直到第三次学习之后，拐点出现了。他们学习完会有一个联欢会。亲身经历过的人，说这是一个尴尬的中年大叔酒会，好多人平常都不熟，坐在那儿也不知道说什么。

一开始这个氛围特别冷，就是喝闷酒。但喝到第三次，一位日航企划部的高管，突然自己举手站起来，他承认错误，他说我一贯以来做的事情都错了，真的很对不起，稻盛和夫会长的教诲全都是正确的，我们如果早一点受到这种教育，日航就不会破产。

从这位高管承认错误之后，酒会开始热闹了，那些常年像坚冰一样的高管们，终于开始相互交流了。

事实上，稻盛和夫认为日航之所以沦落到要破产的地步，就在于全员没有主人翁意识，而这个意识的根源肯定在高层，而高层要改变的不是行为，是心智，所以要文化激发、文化重建，从高层开始。

当高层培训有了结果之后，趁热打铁，展开对中层的培训，培训了全部3000名中层干部。

通过中高层的学习，最终讨论并总结出了日航哲学，成为引领日航绝地反击的重要转折点。

整个日航哲学都在干一件事儿，就是稻盛和夫呼唤大家极度认真地思考：破产的日航，如果还想获得被社会再次接纳并继续生存下去的资格，每一个人到底该如何做？

紧接着，日航开始全员研讨，而他们接受教育的地点是一个仓库改的教室，用的桌子、椅子全是被裁掉的员工原来使用的办公桌椅，就让大家坐在那里讨论日航的出路。

渐渐地，在这种氛围下，全体员工被激发，那么，被激发的员工有什么表现？

举个例子，他们的座舱乘务员居然发起了一个比赛，每日减重500克，这不是减肥，而是在学习日航哲学之后，主动发起的个人竞赛，就是空乘上机的时候，能不能让自己携带的行李减重500克，谁带的东西最少。因为一般航空最大的固定成本，就是燃油成本，而决定燃油消耗的就是重量。

同时，高高在上的机长们，也有了新习惯，开始携带水杯、保温杯，以前他们都用一次性杯子。他们算过一笔账，发现自己飞一次航班扔掉了几百日元的垃圾，而那些都是可以节约的；以前他们住豪华酒店，现在住经济型酒店。降落的时候不再使用双发，使用单发来滑行，减少油耗量。

而且稻盛和夫要求机长广播做个性化的播报，重新赢得客户的心，航班延误的时候，亲自走出客舱，向客户解释原因。

还有在飞机检修现场，比如劳保手套、清洁刷，以前他们用完就扔，现在拼命想办法用它，反复用它。

所以你看，当大家被激发、自觉去做这些工作的时候，奇迹就诞生了。

第一年他们创造了1884亿日元的利润。

第二年更可怕，原来预期757亿日元，结果创造了2049亿日元的利润，远远超出预期。

这不仅是稻盛和夫创造的奇迹，更是全体被激发的员工创造的奇迹。

故事讲完了，你有什么启发？你可以思考一下，在企业危机时刻，最宝贵的是什么？最需要激励的又是什么？

你会发现，在企业危机时刻，最宝贵的是信心，最重要的是激发员工的内在动力，发自内心地帮助企业走出低谷，发自内心地希望企业好，甚至有跟企业共存亡的决心。只有这样，员工才能倾其所有，想尽办法解决难题，使企业走出困境。

稻盛和夫用的方法非常简单，但却是回归危机本质的方法。

首先，通过走访、走访、再走访，了解一线的实际情况，因为你坐在办公室，全是困难；去到基层，都是解决方案；

第二，通过沟通、沟通、再沟通，了解高层的想法，找到问题的本源；

第三，通过学习、学习、再学习，重新建立企业文化，达成拯救企业的共识。

稻盛和夫就是用这三种方法激活了员工内心的火种，而被激活的员工无所不能。

正如爱迪生讲过的一句话，如果所有人都能真正做到力所能及的事情，结果会使我们自己震惊。

可能你会说，你们就是一家小企业，没有日航这样的背景和资源,遇到危机应该怎么做?

那么,我跟你分享第二个案例,这个案例来自我认识的一位职业经理人,他去一家企业做空降兵,担任总经理的职务。

这是一家正在没落的企业,挣扎在破产的边缘。在进入企业的前三个月,他不停地在各种场合和大家交心,在大会小会上都反复地讲他的第一份工作,讲那个已经破产了的企业。交心,是为了获得大家的信任。对于新领导人来说,没有什么比获得下属的信任更重要了。

三个月之后,交心工作基本达到目标。这时,他拿出了一张大订单,向员工讲明这张大订单的重要性。他说得非常清楚,如果我们在这个大订单上获得突破,公司就有可能摆脱原来的局面,公司会活过来;如果这张大订单做得不好,我们将会像他第一份工作的东家一样,倒闭破产。

他对员工说,其实我无所谓,公司倒闭,我无非就是再换一家企业。可是对于你们,就什么都没有了。这家企业由此找到了"拐点",今天已经成了一家在行业内很有影响力的公司。

这位总经理所做的,就是让所有员工都意识到"工作任务的重要性"。调动他人,最重要的是征服内心;而征服内心,一个办法就是让他意识到所面临工作的重要性。

他后来对我说,改造一个企业的秘诀,就是把企业和员工整体推到战场的一线。只有让每一位员工都面对前线的杀气,他们才会停止各种内部扯皮,停止各种懈怠,共同去面对敌人,从而在最大范围里形成内在动力,这比任何物质激励都更有效。

正如丘吉尔所言，不要浪费好的危机！

真正优秀的企业，会在危机中重生，这就是危机状态带给我们的最宝贵资源！

总　结

企业面对危机，作为管理者，我们可以做什么？

第一，作为领导者，自己的信心不能丢，要调动所有员工的积极性，让每个人都心往一处想，力往一处使，共同走出危机。

第二，可以学习稻盛和夫的智慧，走访、沟通、学习，取得最大限度的思想和行为的统一。

第三，让所有员工都意识到目前所面临的危机，把企业和员工整体推到战场的一线。

实战练习

如果你的团队目前正在经历危机，那么不要浪费好的危机！

结语　让基层有饥渴感、中层有危机感、高层有使命感

36个激励方法已经全部学完，你可以把这本书当成你的激励锦囊，放在办公桌旁。当你遇到一些困惑时，拿起来翻一翻，可能会帮你找到解题的思路。

现在这36个激励方法就摆在你的面前，面对你的团队，面对不同的人，你该怎么选择呢？

给你分享一个激励的精简指导原则，让你在激励员工时能够分层次、有重点。这个指导原则就是：让基层有饥渴感、让中层有危机感、让高层有使命感。

让基层有饥渴感

在激励基层员工时，一定要让基层员工有饥渴感。就是要让基层员工有企图心，有对奖金的渴望、对股票的渴望、对晋级的渴望、对成功的渴望。很多企业在发奖金的时候喜欢一碗水端平，这是激励的大忌，因为没有拉开差距，就没有人愿意成为那个站在山顶的员工。所以对于基层员工的奖金激励，一定要让前20%的核心员工

拿到超出预期的回报,这才能够激发更多的人向上攀爬,希望成为那个佼佼者。

本书第一章个体激励中的双赢目标、打场胜仗,第二章岗位激励中的晋升激励、多阶梯晋升激励、破格晋升激励,第三章规则激励中的薪酬激励、绩效激励、福利激励、股权激励、特殊贡献激励,都是为了激发基层员工的饥渴感。对于组织金字塔底部的大量基层员工来说,"按劳取酬,多劳多得"是最现实的工作动机,注重基层员工现实的利益诉求,给予基层员工合理的人性关怀,是对基层员工的激励重心。

让中层有危机感

在激励中层管理者的时候,一定要让他们有危机感。很多公司的中层会存在这种现象,认为自己在基层摸爬滚打这么多年,为公司立下了汗马功劳,好不容易做到中层,就可以躺在功劳簿上了。可是,一旦中层管理者躺在功劳簿上,整个团队也就躺平了。所以要让中层管理者感受到组织的压力,要有责任心,要以实现公司目标为中心,带领团队打赢一场又一场胜仗。

本书第二章岗位激励中的轮岗激励、岗位任期激励,第四章氛围激励中的人才密度激励、荣誉激励、竞争氛围,第五章负向激励中的降职使用、危机激励,都是为了激发中层管理者的危机感。一个组织太平时间越长,危机意识越弱,生存能力就越差,最后一定会走向寂灭、死亡。始终让小富即安的中层觉得危机四伏、诚惶诚恐,让待在舒适区的管理干部丝毫不敢懈怠,唯有如此,才能克服人的惰性,驱动中层持续奋斗。

让高层有使命感

对于高层管理者，一定要激发他们的使命感。什么是使命感？就是无论给钱或者不给钱，他们都发自内心地想要把这件事干成。高层的使命感对于组织来说有三大好处：(1)用战略眼光为公司做长期规划，不会因为眼前的利益动摇长期利益；(2)如果公司高层都有共同的使命感，彼此之间就少了勾心斗角，而高管的团结会增加整个团队的凝聚力。(3)高管的使命感会吸引同样有使命感的优秀人才加入。比如，当年华为刚刚成立的时候，还是一个非常小的民营企业，却能吸引清华博士郑宝用的加入，其中有一个很重要的原因就是，任正非当时对郑宝用说的一段话："我来找你，就是想和你一起干一件大事，让中国人能够用上自己的产品，把世界列强赶出去。"任正非的这番话，打动了郑宝用，让他下定决心加入华为，最终成为华为第一代研发领导者，为华为在国际上的技术领先立下了汗马功劳。这就是为什么要激励高层有使命感的原因。

本书第一章个体激励中的以身作则，第三章岗位激励中的轮值CEO制度，第四章氛围激励中的使命愿景激励、价值观激励，都是为了强化高层的使命感。不要总是利诱高层，机关算尽地设计各种"金手铐""金饭碗""金降落伞"来捆绑高层。对于已经完成财富原始积累的高层来说，金钱对他们的激励效果已经逐步衰减；而具有使命感，才能够自我激励和激励他人，让其保持持久的工作热情和高度负责任的工作态度。

这就是激励的精简指导原则，让基层有饥渴感，让中层有危机感，让高层有使命感。把握住这个原则，你才能激励到点子上。即

结语 让基层有饥渴感、中层有危机感、高层有使命感

便你记不住这 36 个激励方法,也请你记住这 3 句话。根据这个精简指导原则,你可以把大量关于激励的方法、原理、工具,化零为整,整合到这个框架里。当你需要进行激励时,你只需要拿出一张纸,把这 3 句话写出来,你大概就会知道哪些方法更适用。

你可能还有一点质疑,这么说,是不是太绝对了?难道基层、中层就没有使命感吗?高层就没有危机感吗?当然不是。事实上这三种感觉在每个层级的人身上都有,只是激励的重心有所不同。如果用一张图来表示,大概是这样的,如图 6-1 所示。

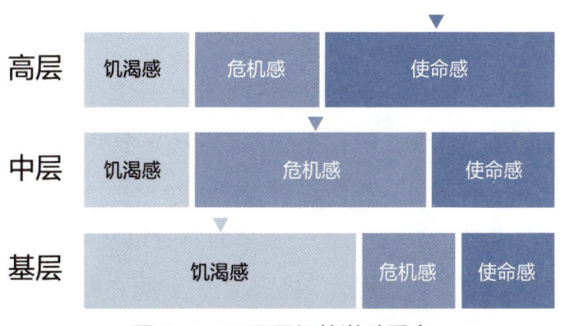

图 6-1 不同层级的激励重点

现在,这 36 个激励方法和一个精简指导原则已经全部交付给你,希望你能够博观而约取,厚积而薄发,掌握激励的原理和方法,用所学的方法激励人心、凝聚人才、带好团队。

在你背起行囊,准备出发的时候,我还有一个担心要叮嘱于你。

著名经济学教授薛兆丰曾提出一个观点,大大影响了我对激励机制问题的理解。他说,廉租房最好不要配独立卫生间,应该用公共厕所,建在房子外面,这样才能保证穷人的利益。此言一出,舆论哗然。这都什么年代了,哪有房子不配独立卫生间的?这是在侵

犯人权……招来了很多批评、指责和怒骂。

在此之前，我从未思考过这个问题，但听到这个观点，我也不禁发问：穷人住房，难道连厕所都不配吗？

面对质疑，薛兆丰教授解释道，他说自己经过深入研究，得出这个惊人发现：廉租房真的不能配厕所，因为配了厕所，穷人根本住不上。因为租金非常低，廉租房成了每个城市的稀缺资源，很多有钱人都想贪这个便宜。有了独立厕所，这些"唐僧肉"就会被有钱有势的群体瓜分殆尽，形成开豪车住廉租房的社会怪象，穷人反而住不上。

不仅是廉租房，他还曾对"为什么不给环卫工人涨工资"这个问题做出了解答。他说，环卫工人的工资是一个月2000元，大多是没有什么就业技能的老人在做这份工作来维持生计。如果将这份工作变成一个月4000元加上五险一金等各种补贴及福利，就会有很多大学生来竞争这份工作，那么"内卷之下"，雇主肯定愿意招聘那些又年轻体力又好的大学生，老人就面临着失业，让他们原本就艰难的生活雪上加霜！而如果一位大学生得到了这份工作，然后用2000元再找一位老人替他完成工作，那么这位大学生什么也不干，一个月就可以获得2000元及各项福利，而那些老人说不定还会自降身价甘愿拿1500元，只为在大学生手下"打工"。

薛兆丰教授从经济学的角度对这两件事做出了解释，我相信这样的解释对很多人来说是反常识的。我们姑且不谈他是否对问题提供了正确的解释或者答案，但这两个案例让我听完惊出一身冷汗。我们原以为正确的东西跟实际之间可能是有巨大差异的，好的出发点未必带来好的结果，激励手段和激励结果之间未必是想当然的因果关系，甚至很可能南辕北辙。它提醒我们从另一个角度思考激励机制的问题。

因为激励面对的是人，人性是复杂的，当你用所学的理论和逻辑去解决现实问题的时候，一定要注意这些理论和逻辑的适用条件。任何理论的成立，都是有很多假设条件的，切忌简单地套用，用初级的理论去指导政策制定。学一个理论、一个工具，其实是分分钟的事情；但是，学会使用这个理论，却是长时间的事情。作为权利掌握者和规则制定者，要心存敬畏，思虑周全，谋定而后动。

反侵权盗版声明

电子工业出版社依法对本作品享有专有出版权。任何未经权利人书面许可，复制、销售或通过信息网络传播本作品的行为；歪曲、篡改、剽窃本作品的行为，均违反《中华人民共和国著作权法》，其行为人应承担相应的民事责任和行政责任，构成犯罪的，将被依法追究刑事责任。

为了维护市场秩序，保护权利人的合法权益，我社将依法查处和打击侵权盗版的单位和个人。欢迎社会各界人士积极举报侵权盗版行为，本社将奖励举报有功人员，并保证举报人的信息不被泄露。

举报电话：(010) 88254396；(010) 88258888

传　　真：(010) 88254397

E‐mail：dbqq@phei.com.cn

通信地址：北京市万寿路 173 信箱　电子工业出版社总编办公室

邮　　编：100036